プロジェクト・アウトノミア

鹿島出版会

THE PROJECT OF AUTONOMY : Politics and Architecture within and against Capitalism
by Pier Vittorio Aureli.

First Published in the United States by Princeton Architectural Press.

Japanese translation published by arrangement with Princeton Architectural Press LLC through
The English Agency (Japan) Ltd.
Published 2018 in Japan by Kajima Institute Publishing Co., Ltd.

プロジェクト・アウトノミア

戦後期イタリアに交錯した政治性と建築

目次

自律性《オートノミー》と歴史性

一九八九年、ギリシャとフランスの国籍をもつ哲学者コルネリュウス・カストリアディス〈1〉は、ボストン大学で「自律性からの後退」という影響力のある表題の講演を行った。カストリアディスの講演のねらいは、モダン／ポストモダンという広く受容されている歴史の時代区分に対して異論を唱えることだった。歴史は断絶と革命というゆれ《ムーヴメント》を必要とする。カストリアディスは、モダン／ポストモダン（近代／後近代《脱近代》〈2〉）という時代区分がこのムーヴメントのなかで行き詰った状態を引き起こすとしてこの区分に反対した。もし近代の概念が、ただ現在が延長された状態として存在するのであれば―その状態は、進歩を追求し、これまでに存在しなかった、新しい概念であるという近代性のあからさまな自負と矛盾するのだが―究極的には「歴史の終わり」という反近代性《アンチモダニティ》を宣言することになる。他方で、ポスト・モダニティ《脱近代性／後近代性》の概念は、そういった自己中心的《うぬぼれた》な性格の近代性《モダニティ》のアンチテーゼとして、自己を肯定できない哀れな性格を示している。そしてその概念によって、自己をただ単純に、過去に存在したがもはや存在しないものに準拠して、「何とか・以後」と定義づけてその意味を無効として、その様式はあらゆる様式が欠如したものであるという奇妙な主張によって自画自賛せざるをえないのだ[*1]。

さらにポスト・モダニティは、そのように自己を肯定する可能性を奪ってしまうだけではなく、いわゆる人間の理性を解放するプロセスの展開が歴史である、という考

凡例
・＊：脚注
・〈 〉：巻末用語解説

えを肯定し続けるために必要とする目的論的な論拠も同じように奪ってしまうのだ。こうして知識人たちは、ポスト・モダニティによって、人間を解放するプロセスとして理解される歴史の総体的見方をも否定する。カストリアディスは、知識人たちのこのような否定の態度を消極的とは考えなかった。彼は、ポストモダニズム論者の思考においては、それが「あらゆる時代やあらゆる社会・歴史制度は等価値ということになるのか？」[*2]という問いを排除することに役立つと考えたのだ。カストリアディスによると、この問いについて歴史的判断を述べることも、どのような判断を下すことも不可能である結果、この問いを排除すると、今度は政治的不可知論、つまり政治的問題に対して認識できないという態度をとるとか、あるいはポストモダニズム論者またはその同類たちが自由、民主主義、人権などを擁護せざるを得ないと感じるなど、おもしろい曲芸的思考にいたるのだ。[*3]

カストリアディスは、この行き詰った状況を目の当たりにして、そういったものとは異なる時代区分、すなわち歴史に対して明らかに政治に偏った時代区分を提案する。彼は社会的、個人的意義が展開することで成り立つ西洋思想の特殊性が自律《自治》の企てに寄与することを前提として、この時代区分から議論を始めた。

カストリアディスは社会的、個人的な自律《自治》の企てによって、個人と、先の時代から引き継がれる知識とは異なるその個人の知識との関係性を確立しようとした。彼は、自治の企て《プロジェクト》では「真の」中世末期に始まると特定し、またその構想のなかで歴史上の三つの重要な契機《モーメント》を定義した。第一のモーメントは西洋思想の再構築、第二は批評の時代、すなわち近代であり、第三は「順応主義」への後退である。

カストリアディスは、西洋思想の再構築によって、政治の自律性を再発見することを提案した。これは実践レヴェル—一四世紀に始まる自治政府の隆盛の思想—と理論レヴェルで示されるものである。カストリアディスは後者について、重要な出典、すなわちマキャベリの[3]『君主論』の思想に言及しなかった。『君主論』の思想は、政治をすべての形而上学的表現から解放し、内在する「行動基準」を分析するという解釈である。この政治の自律性の再発見は、ローマ法、そしてギリシャ-ローマ世界の政治的、哲学的、文化的遺産のすべてを体系的に再評価する状況のなかで出現した。このような再発見と再評価に潜在した革新的な展開と、絶対君主制と教会といった伝統的権力との完全な融合は、一七世紀に存在していたホッブスの[4]啓蒙主義的な政治哲学の時代において可能となったのだ。

批判の時代、あるいはモダン《近代》という時代は啓蒙運動（一七五〇年ごろ）から全体主義の末期（一九五五〜六〇年）まで続いた。カストリアディスによると、この時代はふたつの信仰が収斂することで特徴づけられる。すなわち、個人的、社会的主体の自律《自治》性という信仰、そして技術の発展に内在する合理性が際限なく拡大することに対する信仰である。主体の自律性は、君主制のような伝統的政府モデルが危機的状況となり、そのモデルがたとえばフランス革命のように新しいモデルにおきかえられるときに現れる。主体の自律性はまた、新しい芸術と文学が創造され、それらの表象するものが有効になるときだけでなく、とくにそれらの形式的構成が有効になるときにも現れるのだ。技術の合理的支配が際限なく拡大することは、自然科学研究と関係する。

しかし、テオドール・W・アドルノ[5]とマックス・ホルクハイマー[6]が理論にしたように、理性主義《ラショナリズム》[7]は本来、資本制にただちに適用され、その領域を拡大して全体化することで進展させる考え方である。ようするに資本制とは、単に蓄積するプロセスではなく、資本そのものの連続的な刷新、生産、消費そして財政の間断ない改革を科学的に理解することなのだ。カストリアディスの考えでは、資本制はこうして合理的な蓄積方法の支配が際限なく拡大することを予測した新しい社会イメージを具現していったのだ。

主体の自律性と合理的支配は、したがって、理性という概念において共通の場を見つけた。近代の主体の自律性に関わる理性は自由への実現可能性であり、個人が事実から法を識別すること、すなわちどのようにして生きるかという行動基準を決めるための可能性である。しかし、資本に関わる理性はフェアシュタント《Verstand》――カント[8]、ヘーゲル[9]が意味するところの「悟性[10]」、あるいはカストリアディスが主張する同一‐集合論的論理だった[11]。この論理は数量化することで具現化され「成長そのもののための物神崇拝[*4]」となる。この成長と発展の概念は「近代」の真の偶像となり、他のいかなる価値基準――人間的、自然的、宗教的基準――も、資本の合理的支配に内在する理性の「生産性」に応用して最大の利益を得るプロセスを阻害できない。カストリアディスは次のように述べている。

> すべては（生産的）理性Reasonの法廷に召喚され、合理的支配の際限なき拡大の基準をもとにして、その存在権を証明しなければならない。資本制はこのように

して、（疑似《エセ》）合理的な唯一の目的のために（疑似《エセ》）合理的な手段を無制限に用いることにより、表面上は合理的だが、本質的には盲目的な社会の自己再制度化への運動《プロセス》になるのだ。*5

理性は、自由を実現する可能性として、また資本を支配するものとして理解され、自律性《オートノミー》と資本制の共通の基盤となる。このことを理由にして、理性は資本制の内部で資本に対抗する政治的、文化的、そして社会的闘争の場でもあった。この闘争は、知識人グループ勢力が資本制の政治と文化の制覇に対して体系的に挑んだ最後の時期である一九六〇年代に頂点に達した。その後、政治闘争という概念そのものは、カストリアディスが自治の企ての第三段階（順応主義への後退）として定義したものの出現にともなって、政治に対する不可知主義、ようするに政治的問題の理解を拒否する姿勢におきかえられ、資本の覇権に対する政治的無関心を意味することになった。カストリアディスによると、この無関心とはすなわち、これまでジョン・メイナード・ケインズ John Maynard Keynes（1883-1946）とピエロ・スラッファ Piero Sraffa（1898-1983）などの経済学者たちが提示していた資本主義的合理性に対する体系的な批判〈12〉がすっかりなくなり、代議制民主主義が消極的に受容されたことである。この政治に対する不可知主義と理論的思考の欠如が素地となって、ポストモダンにおいて「解釈学」からデリダ Jacques Derrida（1930-2004）らが主張する「脱構築」までのテクスト解釈と歴史的解釈を基礎とした思想学派〈13〉が現れた。カストリアディスは次のように述べている。

我々は現実逃避の策略に堕した半真実の一群を前にしている。理論としての「ポストモダニズム」の価値はこれが盲従的に、つまりは忠実に支配的傾向を反映していることである。その悲惨なことは、この理論が洗練趣味を標榜する弁証論を唱えた後、それを単に合理化させるだけであって、つまり順応主義と凡庸さを表現したにすぎないことである。これは「多元論」と「差異の尊重」に関する流行の駄弁によって悦に入って混ぜ合わせ、折衷主義を賛美して、不毛なことを蒸し返して「無方向な」原理を一般化するにいたっている。[*6]

過去一〇年にわたって知識人たちが政治に対する不可知主義、つまり脱政治化に向かって停滞していった状況に反して、そして一九九九年のシアトルと二〇〇一年のジェノヴァにおけるG８抗議運動[14]などの事件の結果によって、カストリアディスが提示したような資本主義の同一‐集合論的論理からの自律という問題が再び注目されていった。マイケル・ハート[15]とアントニオ・ネグリ[16]の『帝国[17]』の成功は、この変化のもっとも顕著な徴候と考えられている。ハートとネグリによると、資本制は発展の頂点に達してもはやいかなる国家的な正当性も必要としなくなり、資本制そのものが超国家的なもの、すなわち帝国を主張するのである。しかしながら、資本制が急激に拡大したことと同じ方法、つまり技術的発展、「非物質的」あるいはポスト・フォーディズム[18]の労働、支配的な「生権力[19]」の技術は、そういった帝国という統一体への政治的な抵抗を示す、拡散するマルチテュード[20]の特徴でもあるのだ。ハートとネグリがポストモダンの時代に「階級闘争」のシナリオを構想するのであれば、彼らの闘争の理論的スキーム、つまり圧政者と同じ方法によって戦い、抵抗することは、カストリアディスが近代性の核心的な意味として示した自治の企てそのものである。

カストリアディスにとって理性とは、独立した主体性《自治》の基盤であり、資本の合理的支配の基盤でもある。一方、ハートとネグリにおいて非物質労働と生権力も含んだ資本制「帝国」の下部構造は、支配構造の構成要素であり、被支配者層を解放する根源的な構成要素でもある。また、カストリアディスにとっての自律性《自治》の企図は、ルネサンス期においてつくりだされた近代政治とともに始まる長期の歴史的プロセスなのに対して、ネグリとハートによる企図《プロジェクト》の由来は、アウトノミアAutonomiaとして知られる一九七〇年代のイタリアの知識人活動家たちの一連の運動の興亡[21]において構想された自律性《オートノミー》の概念に限定されがちである。

政治の自律性という流派からハートとネグリの超ベストセラー『帝国』が生まれ――それは、原型《アウトノミア》をなくすまでに――優れた定本となった。しかしながらその流派そのものは、ポストモダンの政治哲学による「多元性」と「多様性」から労働者階級の終焉までの「支配的趨勢」にずる賢く順応していったこともまた事実である。私が主張したいことは次のことで明らかだろう。すなわち、ハートとネグリが主張する自律性の「初期」概念の由来、いわゆるオペライスタまたはワーカーイストという「ムーヴメント」[22]は、あまりにも野心的で壮大な近代政治の物語であり、したがってその「運動」が一九八〇年代末に敗北した共産主義の「ポスト・ポリティカル」と「ポスト・イデオロギー」[23]の結果と矛盾し、もっと正確にいうと、それらによって理解しづらくなるのではないか、と懸念された事実があり、先に述べた順応性は、この事実に対して作用したのである。こうした文脈で、イタリアのアウトノミアは一九八〇年代の英語圏において「創造的、未来主義的、新無政府主義《ネオ・アナーキー》的なポスト・イデオロギーの議会外政治運動」[*7]として紹介された。このような自律性の解釈こそ私が本書で批判するテーマであり、私はそうした創造性と未来主義という主張を超えた、自律性の理論の基礎を再検討していきたい。

今日、アウトノミアとして理解されているのは、一九七〇年代の、より正確には一九六九年と一九七七年の間にイタリアで起こった知識人と活動家によるエリート運動である。一九六九年は熱い秋[24]と呼ばれ、一九六八年の学生抗議運動[25]に続く熾烈な労働者ストライキの時期だった。一九七七年は急進活動家が政治的な個人主義を要求し、公務員組織に対して公然と抗議運動を指揮した年である[26]。そしてこの抗議によって、彼らは政治闘争において後退したと考えられている。アウトノミアに対するこの見解は、一九六〇年代に始まるオペライスタとして知られる活動家と政治思想家たちによる合同[*8]の、論争を手段とした運動によって構想された主題を読みかえ、ゆがめたものである。先に述べたように、オペライスタはアウトノミアの原型と考えられるべきだが、そのグループにはまったく依存しないのだ[*9、図1]。

ローマの哲学者で政治思想家のマリオ・トロンティ[27]が徹底して理論的に説明したように、オペライズモの中心的命題は、労働者の、たとえばストライキの行使など、仕事をしないという抵抗の戦略によって資本が発展するのでありその他の方法によってではない、という主張からなる。この視座から資本制を考えると、その命題

図1　『クァーデルニ・ロッシ』の編集会議でのオペライスタ、トリノ、一九六二年。出席者はアントニオ・ネグリ（左から三人目）、マリオ・トロンティ（右から二人目）、ラニェーロ・パンツィエーリ（右）。パンツィエーリ、トロンティ、ネグリはオペライスタ運動の重要人物であり、運動の三つの重要な契機を代表する。技術に対する批判（パンツィエーリ）、労働者の権力獲得のための理論的基盤の確立（トロンティ）、労働者の自律性（ネグリ）。撮影者未詳。Courtesy Archive of Centro Gobetti. Turin.

は「生産力」を無制限に自然に発展させるのではなく、否定的な手段によって遂行する労働者の権限を正確に評価することだろう。この後者をいいかえると、資本制は、永遠に起こりうる労働者たちの抵抗を取り除こうと画策し、自ら編成しなおすことで発展するのだが、この再編成と発展を誘発するような労働者側の抵抗の能力を正しく評価する必要がある。その運動をオペライズモと呼ぶのは、この理論の中心となる原理は、生産システムという科学的客体ではなく、労働者《オペライオ》という政治的主体だからだ。はじめに明らかにしなければならないのは、アウトノミアとして知られている運動がオペライズモを由来としているにもかかわらず、双方は交換不可能ということである。この二つの運動の根本的な違いは、オペライズモは政治と権力という共産主義的な展望において展開した一方で、アウトノミアは徹底して反共産主義の立場をとったことである。さらにアウトノミアは、一九八〇年代の代議制政治の危機のなかで生じた多くのポスト・ポリティカル《脱政治的》な主観性と融合することになった。

　私はここで、オペライズモのもっとも正当で重要な理論は、政治的なものの自律性についてのトロンティの考えであると断言したい。それはようするに、オペライズモが労働者階級の伝統において政治的権限の自律した領域を発見したという考えである。[*10] オペライズモは、労働者階級運動の伝統の内部で理解される意識的な「異端信仰」としてこの企図を着想した。一九七〇年代から一九八〇年代のアウトノミア・グループは、労働者の権限を仮想的に拡大させることによって、この企図が労働者たちの間で高まる危機感を彼らにとって妥当な、政治的な主観性に翻訳していく方法になると考えた。「労働者階級の日没の赤い空は夜明けの赤い空と誤解された」[*11]とトロンティが述べたようなこの状況において、アウトノミアは資本をおもな標的として、資本に対して闘争したのではない。彼らは、高度に進んだ資本制の軌跡における社会的、文化的な時代遅れの象徴として左翼機関、たとえば共産党、社会党などを狡猾に攻撃したのだ。

　このことによって、それほど独創的な着想とはいえないアウトノミアの理論——というのは、それはオペライズモから受け継がれたからだ——が非常に創造力に富んだものになった。この創造性によって労働者階級という政治闘争の主体は文化的に高まったが、その結果、創造性はしばしばミスティフィケーション《ぺてん》にもなった。たとえば、この文化的向上のプロセスとして、社会的意味の研究と新用語の発明は重要な役割を果たした。アウトノミスタたちの語録において、一九六〇年代の工業大衆労働者たちは一九七〇年代の「ソーシャルワーカー」〈28〉となる。そして彼らは、一九九〇年代と二〇〇〇年代についに「マルチテュード」となった。こうした転換のもとで、資本制は第二次大戦後の福祉国家モデルにもとづく国家計画という家父長的態度を次第に放棄し、さらに高次の統括形態、つまりハイテクの、超国家の帝国という象徴性を獲得したように見える。アウトノミスタたちは、資本制が変化し現在の形態に発展した理由を説明するために、労働者階級に対するオペライズモの扱い方にならって、もっともらしい魅力的な物語をつくることに成功した。しかしその一方で、彼らにはこの政治的主体が資本主義帝国に対して争いながら行動を起こし、前進しつづける理由を説明することが難しくなっていた。もしネグリとハートが主張するように、マルチテュードの解放への衝動が帝国の深層構造を構成する生権力そのものの所産であるならば、どのような最終目的が、従属を強いる権力論理からのこの主体の自律性を成り立たせるのだろうか？

アウトノミスタ、そして最近ではネグリとハートがこの問題に対して提示した答えは、生産する衝動《絶対的原理》と一致することが多く、たとえば彼らが強く主張した欲望というサイエンスのように、時にロマンティックに、時に未来主義的に示唆に富んだ発想で構想された、あるいはそれによって隠ぺいされた。この衝動は、いかなる政治的制約によってても、そして人間と動物、人間と機械との慣習的な区別を克服した人間生活というつくり話にも拘束されたくない、という個人的欲望への誘因だった。しかし、資本制が今日潤沢に投資し、人間の労働をもっとも効率のよい生産力に変換しているのは、人間を主体とするこの生活様式においてではないだろうか？　資本の再生産は、欲望、個人主義、そして主体性そのものを「客体化」する心理的プロセスとして、私たちの頭のなかで起こっているのではないか？

　このように判断すると、アウトノミスタたちの議論は資本の理論にいまだ依存していた。というのは、資本はその深い本質的な部分で生産に対する限りない欲望を刺激していて、その刺激は自らを再生産するような条件を創造し、再び創造する方法としての技術的発展をコントロールすることによって維持されているからだ。したがって、実は自律性はアウトノミスタによってその対立するもの、つまり他律性に変換されたのである。労働者は、今度は──彼らは資本制の側に搾取されて賃金労働者に変換させられ、したがって単に自分たちの生産物だけではなく、生産に対する特権、つまり生産するかどうかの決定権を奪われた集団的主体であるが──想像上の「マルチテュード」となったのだ。

　最近になって一九七〇年代のアウトノミアの遺産が賞賛されているが、政治的に日和見的なこの状況において、一九七〇年代以前の自律性の企図が見逃されている。マルチテュードは生産の必要性（そして消費の条件）を限定し、組み立て、形づくるために政治的決定をする主体ではなく、疑似《エセ》無政府主義の超創造的《ハイパークリエイティヴィティ》な状態において存在する主体と考えられるようになった。したがって、自律性の企図《プロジェクト》はこの政治的主体性を大規模に、徹底的に再構築するという本来の目的において―それは資本に抵抗しただけでなく、資本をしのぐ力を要請したのだが―共産主義の崩壊を避けることができなかった。しかしながらその一方で、一九七〇年代、そしてとくに一九八〇年代にその自律性の企図《プロジェクト》はポスト・ポリティカル《脱政治性》を実践したのだ。自律性《オートノミー》は資本を支配する手段にも、それに抵抗する手段にもならなかったが、その代わりにそれを変質させる方法となった。その変質は、文化的に効果のある大変洗練された解釈学によって、そしてまた、敵対する者の勢力を発展させるという非常に進歩主義的な視座においてなされたのだ。

本書の目的は、こうしたシナリオに対抗して、『自律性の企図《プロジェクト・アウトノミア》』という問題を再開することであり、またそれが今日的であり文化的に重要であると再認識して回復に取り組むだけでなく、その歴史的解釈に挑むことである。私は一九七〇年代のアウトノミア運動に特権を与える代わりに、この企図が一九六〇年代のイタリアで形成されたという前提で、その展開について熟考したい。私の興味の中心がこのように移行した動機は、アウトノミアの現代的解釈と一九七〇年代に現れたときのその成功を解明するために、イタリアのアウトノミアの形成期に戻りたいという欲求だけではなく、先行する歴史から今日でも有効な要素を抽出したいという欲求にもとづいている。一九七〇年代に称賛されたアウトノミア運動からその前の段階の一九六〇年代まで遡ることは、この自律性の企図において何が問題となっているのかを理解するために非常に重要である。本書における私の論点は、オペライズモと、イタリアにおいてオペライズモ周辺で同時期に結成された多くの運動やグループが、自律性の実現可能性は、自律性《オートノミー》が何に由来するかという一般的な主張ではなく、何のための自律性であるかという野心的で徹底した主張であると考えていたことだ。何のために自律するかというこの議論は、資本制がすでに確立し、維持している権力に代わる、ある権力の根源をつくろうとする労働者たちの努力からなる。

私は政治領域の自律性についての解釈を、それが他の領域においても同じく論が成り立つように自律性《オートノミー》の理念を研究することで補っている。この文脈にしたがって、一九六〇年代のイタリアの建築理論と議論に現れて展開し、しかしながら政治領域のそれと同様に、一九七〇年代の産物としてポピュラーになっていったアウトノミアの基本概念の理論的推移を分析しようと思う。アングロサクソンの建築文化は「自律的な建築」を昨今の建築史のひとつの時期と結びつけた。そしてその歴史において、建築形態の自律性が政治的、社会的、商業的意義のなかから「発見された」のだった。この特殊な解釈は、建築が専門の職業として商業的に拡大するときに現れた。そしてヨーロッパにおいてそれは、建築とアーバン・デザインをおもに採用していた公共機関や国家機関が衰退するのと同じ時期に起こった。したがって建築における自律の概念は、この状況において戦略的な後退であり、既存世界の改革を拒否していると直接的に解釈された。こうした文脈において、イタリアのアルド・ロッシ[29]とマンフレッド・タフーリ[30]、アメリカのピーター・アイゼンマン[31]とコーリン・ロウ[32]のような急進的な異才の名士たちは、第二次世界大戦後の建築文化を背景とする近代建築運動の改革組織が疲弊したと批判し、その共通する批判的観点を根拠としてグループを結成した。

彼らに共通したこの視座は、一九七〇年代に批評的建築理論を展開させるときには影響力があり、決定的なものだった。しかしながら、とくにロッシとタフーリの作品や業績に対する解釈はかなり誤解されていた。このような誤解は、彼らの作品が一般に認知されていることだけが理由ではない。誤解はまた外国ばかりでなく、イタリアにおいても共通しているのだ。実のところ、ミラノの建築家とローマの歴史家による建築と、建築の政治性の考えは、根本的に対立しないとしても異なっていた。誤解はさらに、自律的な建築に関するロッシの思想をその政治的、社会的、歴史的文脈から取り除いたことから起こったのだ。ロッシは、自律性が新興するポスト工業都市の現実に対する拒否をともなうと考えただけではなかった。自律性がそういった現実を経験的に解釈することの拒否と、テクノ・ユートピア[33]的構想で能天気《ナイーヴ》に現代世界を包みこむことに対する拒否もともなうと考えたのだ。後に述べるように、ロッシは自律の実現性が理論の実現性として生じると考えていた。それは、いかなるテクノクラティックな決定論からもかけ離れた都市現象の政治的、社会的、文化的意義を再構築していく実現の可能性である。

　こうして考えると、建築と都市論におけるロッシの自律性の理念は、トロンティが政治において取り組んだ自治の理念とおもしろいほどに類似していることがわかる。資本制が都市計画学の技術的合理性を完全に吸収していく状況にもかかわらず、ロッシは都市を理論的に再考するためのもっとも重要な分野として、建築、すなわち計画学を媒介しない建築に特権を与えようとした。ロッシが建築家として仕事をして、また雑誌『カーザベッラ・コンティニュイタ *Casabella Continuità*』[34]に寄稿した一九六〇年代はじめにこの考えを構想しはじめたとき、若い建築家グループたちが彼のまわりに非公式に集まった。彼らの多くはヴェネツィア建築大学 Istituto Universitario di Architettura di Venezia, IUAV で教え、また全員が共産党と密接に関わっていた。ロッシは、IUAV で新しく設立された「建造物の組織的特性 Organizational Characteristics of Buildings」のカリキュラムの主任であるカルロ・アイモニーノ〈35〉の助手として一九六三年から六五年まで教えていて、このグループの立場は彼のキャリアとともに確固たるものとなった。図2、3 グループはまた、学長のジュゼッペ・サモナー〈36〉が激励したことにより、まもなく「ヴェネツィア派 Scuola di Venezia」*12 の中心的存在として知られるようになった。

オペライズモの特性は、後にアウトノミアとして展開する運動に吸収された。図4 そしてこの初期の核となるグループ—私がこれから「ヴェネツィア派 Venice group」と呼び、そして一九七〇年代にロッシ不在のまま「グルッポ・アルキテットゥーラ」*13 として IUAV で展開した運動—は、そのオペライズモと非常によく似ていて、イタリア建築が国際的に称賛されるうちに次第に影が薄くなった。国際的称賛とはようするに、タフーリ—一九六八年になってようやく IUAV に加わり、そこで「歴史研究所 Istituto di Storia」を設立した—が主導したもうひとつの別の「ヴェネツィア派 school of Venice」〈37〉の神話的存在、そして『都市と建築 *L'architettura della città*』発行後しばらくしてロッシ周辺に集まった建築家グループの「テンデンツァ La tendenza」〈38〉という神話的存在である。『都市と建築』は、ロッシがミラノ工科大学での教授就任後の一九六六年に刊行された。図5 ロッシは一九七一年までミラノ工科大学で

図2、3　IUAVで作成され、クルーヴァから出版された講義記録、一九六五年。一九六三〜六四年度と一九六四〜六五年度に、カルロ・アイモニーノがIUAVで新しく創設したカリキュラム「建造物の組織的特性」において、ロッシは助手としてアイモニーノのプロジェクトに加わった。ロッシはこれに先立って、ミラノの住宅の類型学研究を行っていた。ロッシとアイモニーノは協働して、ロッシが始めた都市の類型学的分析を発展させて、後に「ヴェネツィア派」の主要なテーマのひとつとなる理論的前提を確立した。都市の可視的・物質的な形態（形態学）とその内部構造（類型学）との関係である。ふたつの講義記録は、一九六三年と六四年のそれぞれのコースを完結させる記録として刊行されたが、それは建築物の類型学の様相と問題点、そして建築物の類型学の概念の形成に関するものだった。その講義記録は、アイモニーノとロッシが採用した方法を例証していて、また彼らはこのように理論的、方法論的論文を書くことで授業を準備していた。この授業方法は、建築学部の伝統的な教育方法に対して異議を唱えるものだった。建築大学では授業は課題の実践を基本として、歴史と都市計画分野のアカデミックな教育法とは切り離されていた。ロッシとアイモニーノは、この教育方法に反対して建築、都市計画と都市史の間の理論的で「自律した」橋渡しとして類型学を主張した。IUAVのコースと講義記録へのロッシの寄稿は著作『都市の建築』の中心テーマとなった。

図4　「ヴェネツィア派」、一九六四年。グループの初期の中心メンバーはアルド・ロッシ（中央）、カルロ・アイモニーノ（右）であった。このグループは、政治的、文化的寄与の枠組みとしての都市と都市計画理論研究の回復に貢献した。撮影者未詳。Courtesy Fondazione Aldo Rossi, Milan.

図5　テンデンツァと関係した建築家たち、ミラノ、一九七三年。この写真は第一五回ミラノ・トリエンナーレの開会式の前に撮影されたもの。トリエンナーレのテーマは「理性的建築」だった。グループは、アルドゥイーノ・カンタフォーラの壁画の前に立っている。壁画にはルートヴィヒ・ヒルベルザイマー、アドルフ・ロース、グンナー・アスプルンド、アレッサンドロ・アントネッリが設計した「模範的な」建築が表され、理想的な「社会主義都市」をつくるためにモンタージュされた。左から右へ：リチャード・マイヤー、ジュリア・ブルームフィールド、ピーター・カール、ヴィットリオ・サーヴィ、パオロ・リッツァート、アントニオ・モネスティローリ、マックス・ボシャール、アルド・ロッシ、アルドゥイーノ・カンタフォーラ、ジャンニ・ブラギエーリ、ブルーノ・ライシュリン、アルド・アイモニーノ、ファビオ・ラインハルト、ハインリヒ・ヘルフェンスタイン、ホス・ダ・ノブレーガ、フランコ・ラッジ、クラウディオ・マネーリ、マッシモ・スコラーリ、マイケル・グレイブス。テンデンツァはロッシと彼の友人たちによってミラノで結成され、超国家的建築家ネットワークとなった。出席者は多くはイタリア、スイス、スペイン、ポルトガル、ドイツ、アメリカ合衆国出身である。スペインとポルトガルからの建築家は政治への関心が強かった。彼らは、末期のファシスト体制に扇動された母国が政治的に混乱しているという状況から、ロッシの考えに賛同した。撮影者未詳。Courtesy Fondazione Aldo Rossi, Milan.

図6　スタジオ前のアルキズーム・アソチャーティ、フィレンツェ、リカボリ通り、一九六八年。アルキズームはイギリス・グループのアーキグラムのパロディとして結成された。彼らは、技術的進歩を信仰する代わりに、都市の発展に対して反体制的な立場から冷笑的な作品を発表した。彼らは都市の発展を労働者と資本家の最終的な衝突として考えた。左から右へ：パオロ・デガネッロ、ルチーア・バルトリーニ、マッシモ・モロッツィ、ナタリーノ・トルニアーニ（協力者）、ダーリオ・バルトリーニ、ジルベルト・コレッティ、アンドレア・ブランジ。撮影者未詳。Courtesy Andrea Branzi.

教えていたが、彼はそこで学生占拠を支持し、ディプロマの共同提出を奨励したために大学から追放された。彼はその後、一九七〇年代半ばにはチューリッヒ連邦工科大学 Eidgenossische Technische Hochschule で教鞭をとっていた。

しかしながら、このすべての出来事の前に、つまりタフーリの歴史研究所、テンデンツァ、ロッシの『都市と建築』以降の教育活動などに先立って、先に述べたヴェネツィア派という小さい非公式な建築家コミュニティが存在したのだ。彼らは、専門的な実践よりも建築と都市の理論を優先させた教育方法をとり、そのことでまもなく認められるようになった。このグループの姿勢は、カルロ・スカルパ〈39〉のような職人的志向の強い専門家が長年 IUAV で支配的であることに対する反動でもあった。グループは、理論的なテクストにもとづいて授業と講義を準備し、そのテクストによってグループ参加者が議論する方法をとった。一方でまた、それとはまったく異なる背景をもち、政治的姿勢も異なるものの、このヴェネツィア派と非常によく似た趨勢があり、それはこれから述べるように、数年後のフィレンツェのアルキズーム[40]とスーペルストゥディオ[41]で特徴づけられる運動だった。[*14、図6] ロッシとヴェネツィア派は明らかに共産党の政治性に影響を受けていたが、前述のフィレンツェのグループはオペライズモの政治的、イデオロギー的主題に影響を受け、制度化した組織に対して反旗をひるがえした。しかしながら、フィレンツェ・グループの運動方法《フォーメーション》には、ヴェネツィア派と同じように専門的な実践よりも理論研究と思索を重視するという特徴があった。

　これから示すように、このふたつのタイプの自律性の企図《プロジェクト》は、一方は政治に応用され、また一方は都市に応用されたが、資本制文化とブルジョワの歴史そのものを破壊しようとするものではなく、それどころか反対にそれらを深く分析し、手段として利用するものだった。自律性の企図は、無からの政治性《ポリティクス》と詩学《ポエティクス》の創造物ではなく、資本が支配している状況のオルタナティヴを構築するために、政治的領域を奪い取ろうとする大胆な取組みである。

＊1　C. Castoriadis, "The Report from Autonomy : Postmodernism as Generalized Conformism", in *The World in Fragments* (Stanford, CA : Stanford University Press, 1977), p.32、宇京頼三訳『細分化された世界』所収「自律からの後退：一般化された順応主義の時代」、法政大学出版局、一九九五年、５ページ。

＊2　Ibid., p.41、邦訳17ページ。

＊3　Ibid., p.41、邦訳17ページ。

＊4　Ibid., p.34、邦訳13ページ。

＊5　Ibid., p.38、邦訳13ページ。

＊6　Ibid., p.42、邦訳18ページ。

＊7　シルヴェール・ロトランジェは一九八〇年に『セミオテクスト*Semiotext(e)*』のためにアウトノミア特集号を編集したが、本文のこの表現は彼がその特集号の近刊紹介の際に用いたものである。*Sylvère Lotringer and Christian Marazzi, eds., Autonomia, Post-Political Politics* (Cambridge, MA: MIT Press, 2007) 参照。

＊8　オペライズモ（労働者主義）の歴史は一九六一年から七一年までの一〇年間に刊行された『クァーデルニ・ロッシ*Quaderni Rossi*［赤の手帖］, 1961-65』『クラッセ・オペライア*Classe operaia*［労働者階級］, 1964-66』『コントロピアーノ*Contropiano*, 1968-71』の重要な三つの雑誌に要約されるだろう。一九六二年にマリオ・トロンティは政治の自律性の概念に関するセミナーを行い、その五年後に「政治的なものの自律性L'autonomia del politico」という表題の論文を発表した。私の考えでは、一九七二年にトロンティが提示したような経済決定論から政治の自律性を厳格に議論することが、オペライズモの核心であり本質である。オペライズモの歴史、とくに『クァーデルニ・ロッシ』から『クラッセ・オペライア』までの経緯を詳細にわたって正確に再構築した資料として、リタ・ディ・レオへのインタビュー、Lita di Leo in Giuseppe Trotta ed.,"Per una storia di Classe operaia［「労働者階級」の歴史のために］", in *Bailamme*［バイラソム］, 24/2 (1999), pp.173-205 参照。

＊9　「オペライズモ」から「アウトノミア・オペライア（労働者の自律性）」（後に単に「アウトノミア」として知られるようになる）まで展開する物語は複雑でドラマティックである。それは運動の多くの指導者たちの意見の相違、分離、分裂、そして失敗をともなった。この運動の歴史は、大きくとらえるとおもに三つの時期に区分される。この時期は頻繁に「アウトノミア」という語で表層的にひとつにまとめられるが、実際は本質的に異なる三つの契機《モーメント》に対応する。オペライズモ（一九六〇年代初期〜六八年）、ポテーレ・オペライオ（労働者権力、一九六七〜七三年）、そしてアウトノミア・オペライア（一九七六〜七八年）である。第一の運動は熱心な理論書の

刊行で特徴づけられる。第二の運動は急進的ではあるものの、第一の運動の前提ほどの独自性が見られない取組みであり、とくにネグリのポスト共産主義的立場を反映している。第三の運動は理論的思索を超えた闘争性《ミリタンシー》によるものである。この運動史には数多くの主唱者がいるが、三人の重要人物だけが運動のオリジナリティを示したことは間違いない。最初に挙げられるのがラニェーロ・パンツィエーリであり、彼はオペライズモの創始者といっていいだろう。次にマリオ・トロンティであるが、彼はオペライズモの中心的な理論家である。そして最後にアントニオ・ネグリであり、彼の思想はパンツィエーリとトロンティの双方に影響されて形成され、またポテーレ・オペライオ、そしてアウトノミア・グループもまた参照する人物となった。興味深いことに、オペライズモとアウトノミアの運動史に関してはインターネット上で多くの英語資料があるように、イタリア語よりも英語の情報が多く入手できる。しかし、こういった出典には原資料や当事者個人に確認をとっていないために非常に不正確なものがいくつかある。三つの運動のなかで、厳格な考察がなされないことでもっとも不正確に解釈されているオペライズモは、もっとも独創的な思想によって全面的に展開した運動だった。不正確に解釈された理由のひとつとして、オペライズモは、理論が厳格すぎていて知的でナルシスティックなスタイルでなかったことが挙げられる。実際のところ、その理論的スタイルがアウトノミアに対する「クリエイティブ《創造的》」な解釈に合わないのだ。そしてまたひとつの理由として、運動の主導者たち、とくにパンツィエーリとトロンティが、政治闘争の状況の外ではその理論を売り込むことにほとんど関心がなかったことが挙げられる。反対に、ネグリはイタリアとフランスの両国の学界でつねに名声を求めている。英語で書かれたオペライズモとアウトノミアの信頼できる歴史書としては、Steve Wright, Storming Heaven : *Class Composition and Struggle in Italian Autonomist Marxism*［荒れ狂う楽園：イタリアの自律運動・マルクス主義における階級構造と闘争］（London: Pluto Press, 2002）参照。

＊10　Mario Tronti, *L'autonomia del politico*［政治の自律性］（Milan:Feltrinelli, 1977）参照。

＊11　Guido Borio, Francesca Pozzi, and Gigi Roggero, eds., *Gli operaisti*［労働者たち］（Rome:

Derive a Approdi, 2005), p.281.

*12 「ヴェネツィア派」はイタリア国外での説とは異なり、とくにアイモニーノが担当したカリキュラムのうち、ロッシの講義が多く行われた一時期を指している。アイモニーノはIUAVで教鞭をとるために一九六三年にサモナーに招聘され、ロッシは彼のアシスタントに志願した。アイモニーノとロッシが一九六五年の一年間で教えたクラスでは、類型学typologyと形態学morphologyとの関係をテーマとする二冊のブックレットが作成された。このブックレットはヴェネツィア派の方法論的なインキュナブラ《揺籃期本》となった。まもなくロッシとアイモニーノにコスタンティーノ・ダルディ、ジャヌーゴ・ポレゼッロ、エミーリオ・マッティオーニとルチャーノ・セメラーニといったIUAVの若い助教授が加わった。セメラーニとポレゼッロはロッシと同じくロジェルスの『カーザベッラ』の寄稿者だった。このグループの設立については、Claudia Conforti's interview with Aymonino in Claudia Conforti, *Carlo Aymonino: L'architettura non è un mito*［カルロ・アイモニーノ：建築は神話ではない］(Rome: Officina, 1980) 中のコンフォルティのアイモニーノへのインタビューを参照のこと。このヴェネツィア派の重要な論文は、後に共産主義系出版社オフィチーナから出版されたパドヴァの都市に関する重要な書籍で展開された。Carlo Aymonino, Manlio Brusatin, Gianni Fabbri, Mauro Lena, Pasquale Lovero, Sergio Lucianetti, and Aldo Rossi, *La Città di Padova: Saggio di analisi urbana*［パドヴァの都市：都市分析の論文］(Rome: Officina, 1970).

*13 グルッポ・アルキテットゥーラは、アイモニーノがサモナーから学科長を交代した後の一九六八年から一九七四年までのアイモニーノ周辺の教師陣で構成されていた。グループの主要な論文は、とくに形態学と類型学の関係についての都市の解釈とデザインであり、一九六三年から六五年の間にロッシとアイモニーノが取り組んだテーマと同じだった。グルッポ・アルキテットゥーラについては、Carlo Aymonino, Costantino Dardi, Gianni Fabbri, Raffaele Panella, Gianugo Polesello, and Luciano Semerani, *Per un'idea di città: La ricerca del Gruppo Architettura a Venezia (1968-1974)*［都市の概念：ヴェネツィアのグルッポ・アル

*14

キテットゥーラの研究」(Venice: Cluva, 1984).

イタリアの芸術批評家が後に「ラディカル・アーキテクチャー Architettura Radicale」と呼ぶ運動の主唱者は、後にアルキズーム・グループを結成したアンドレア・ブランジ、ジルベルト・コレッティ、そしてマッシモ・モロッツィと、スーペルストゥディオを結成したアドルフォ・ナタリーニとクリスティアーノ・トラルド・ディ・フランチャであった。アルキズームのコレッティとモロッツィとスーペルストゥディオのトラルド・ディ・フランチャは、それぞれのグループでもっとも政治色の強いメンバーであり、労働者クループ、オペライズモのフィレンツェ支部と直接関係していた。このふたつのグループでもっとも有名なメンバーはアンドレア・ブランジとアドルフォ・ナタリーニである。このふたつのグループのアイデンティティはたいていこの二人に関連づけられるものであるが、彼らはアルキズームとスーペルストゥディオの作品の「政治的」内容にあまり関わることがなかった。二〇〇七年、ロッテルダムのベルラーへ・インスティテュートでの講義において、トラルド・ディ・フランチャは同志であるナタリーニとの「相違を認めた友情」を回想した。ナタリーニは当時、自由主義青年党 Gioventu Liberaleという中道右派の学生運動のメンバーであった。主張の相違は同じようにアルキズーム内部でも起こっていて、モロッツィとコレッティの政治的過激主義はブランジの穏健な政治的立場としばしば争うことになった。フィレンツェの、いわゆるラディカル・アーキテクチャーのグループに関しては、無批判で弁解めいた、もしくは表面的に否定の立場をとりがちな広漠とした文学性があった。この文学性に共通する特徴は、アルキズームとスーペルストゥディオの作品をそれぞれのメンバーの政治的背景《イデオロギー》から徹底して取り除いたことだった。そしてこの政治的背景は、一九六八年に抗議運動が最高潮に達したという話に単純化されている。このグループの理論とオペライズモが展開した政治的テーマの直接的な関係に言及した出版物は、これまで刊行されていない。グループとオペライズモが専門的実践という伝統形態に吸収されることに対する抵抗によって、そしてそのオルタナティヴに取り組むことによって実践した「労働の拒否」を含めても一冊も刊行されていない。

自律性《オートノミー》と左翼運動

一九六〇年代イタリアの、とくに政治グループにとっての重大な課題は、まず労働者階級運動の内部から厳格な理論的アプローチを再構築することだった。このように理論を求めた結果として、自律性《オートノミー》のテーマが最初に現れた。そして、労働者が資本主義だけでなく、共産党のような反資本主義組織からも自律することが議論された。というのは、ブルジョワ民主主義国家の内部で彼らのような反資本主義組織の担う組織上の役割が、事実上、資本制のプロセスにおいて労働者を統合するために欠かせない政治的、社会的なパイプになったからである。

このように浮上した自律性《オートノミー》の議論は、一九五〇年代前半から一九六〇年代前半までのフランスとイタリアの両国で理論的に構築され、そのことはふたつの重要な政治誌において確認されている。その政治誌とは、コルネリュウス・カストリアディスとクロード・ルフォール〈1〉が創設し指揮したパリを拠点とする『社会主義か野蛮か *Socialisme ou barbarie*』（一九四九～六五年）、そして政治思想家のラニェーロ・パンツィエーリ〈2〉が創設したトリノ–ローマの『クァーデルニ・ロッシ *Quaderni rossi*（赤い手帖）〈3〉』（一九六一～六五年）である。後者の『クァーデルニ・ロッシ』のまわりには、後にオペライスタ（労働者主義）と呼ばれる政治活動家と知識人によるグループが形成された。*1 この政治誌はともに、労働者階級の分析の更新と、共産党の政治活動とは異なる政治性を求めた。この要請は、一九五六年に起こったヨーロッパの左翼史上の分水領的事件《革命》の結果のように考えられるかもしれない。まず二月にモスクワで開催された第二〇回党大会では、ニキータ・フルシチョフニキータ・セルゲーエヴィチ・フルシチョフ Ники́та Серге́евич Хрущёв（1894-1971）がスターリン Иосиф Виссарионович Сталин（1878-1953）の政治的大粛清[4]を認めて批判した。そしてハンガリー動乱では赤軍による血の鎮圧[5]が行われた。このふたつの事件は、西欧の左翼志向の労働組合と党組織が冷戦の地政学のなかで制度上生き残るために受け入れざるをえなかった順応主義と結びつき、多くの活動家と知識人たちはこのふたつの事件を合わせて労働者運動の政治性《ポリティクス》を改革した。

この改革は多くの場合、公式の左翼機関が成長していた自由主義国家の政策とは正反対の方へ向かった。『社会主義か野蛮か』に引きつけられた人々は、この立場からスターリンの遺産だけでなくレーニンのボルシェヴィキ運動[6]をも批判し拒否しはじめた。その一方で『クァーデルニ・ロッシ』の周囲は、彼らとは異なり、さらに危険で大胆な理論を選んだ。『クァーデルニ・ロッシ』の周辺に集まった人々は、マルクス[7]主義–レーニン主義の遺産を拒否するのではなく、むしろその遺産をそっくり取り入れて、自由民主主義は第二次大戦後のヨーロッパ資本主義国家に押しつけられたという今日的な視座によって、スターリン主義の崩壊と伝統的な労働者組織の順応主義を対立させたのだ。いいかえるとイタリアの活動家は、自由主義が提示する解放という名のもとで共産主義を放棄する代わりに、共産主義の原典、すなわち『共産党宣言 *Communist Manifesto*』をより分析的に、厳格に、政治的に徹底させ、また知的に洗練させて解釈する方法を選んだ。このような思想家たちの多くは、社会主義の問題はソヴィエト・ロシアが革命を国家レヴェルの独裁制に変質させたほどのことではないと考えていた。彼らにとっての問題は、革命の理念そのものが労働者と自由主義制度の平和的共存におきかえられ、その共存を資本制が保証している事実なのだ。オペライスタたちは、革命という全体像を回復するためにはまず、職工たちの自律性を再び確立することが必要であると考えた。そして、このことから「労働者の視点」と彼らが呼ぶ新しい理論の方法論が具体化された。この方法論は資本制的発展の観点ではなく、労働者階級の闘争という観点から、労働者階級と資本との闘争を概念化する構成だった。

この方法論を正しく理解するためには、ブルーカラー《青襟作業着の現場労働者》というよく知られた歴史的、象徴的な表現に加えて、私たちが労働者階級という言葉の意味を明確にすることが重要である。労働者階級について語ることは「生活労働者」、つまり労働と交換に賃金を受け取る物質財と非物質財の生産者の集合体について語ることである。この労働による成果はただちに労働における資本制の側に搾取され、商品という形で流通のなかに組み込まれる。正統マルクス派の経済理論によると、工業生産はそのものに論理があり、社会はその論理によって急速に発展する。循環と流通のシステムが無秩序な場合においてのみ、労働者が搾取される。そしてこの無秩序なシステムは、資本が利益を生みだす要因であり、そのシステムによって資本が労働者より優位になるのだ。オペライズモは、この正統マルクス主義の考え、すなわち一方の生産と、他方の循環と流通という二者の間に矛盾があるという考えに反対した。オペライスタにとって、生産システムそのものは――その継続的な技術的発展と、労働におけるシステムが複雑になり刷新されることによって—資本が労働者階級を支配する権力の根源だった。このことを理由として、オペライスタは循環、流通、消費というシステムの影響によって理解される資本制の分析から、システムのもっとも深い権力、すなわち「生産を支配する権力」について、資本制を構造的に広く分析するように注意させる。オペライスタは、自律性のプロジェクトは政治的効力をもつためにこのレヴェルから始めなければならず、さらにそれが生産手段の改革ではなく、生産手段を支配する政治的権力のための要請と一致しなければならないと考えた。

その結果、オペライズモはもはや推定されるシステムの合理性のレヴェルではなく、生産者の矛盾した立場のレヴェルにおいて資本制の分析を行った。というのは、生産者の立場は政治的であって単なる社会的なものではなく、ひとつの階級として組織された労働者たちの存在によって具体化されるからである。労働者階級の存在は投影的な闘い、すなわち資本に対抗するときにその階級そのものが文化面と政治面において、革新的で創造性のある集合的主体として特定される闘争として考えられた。このことを実現するために、オペライスタはふたつのアプローチを展開した。第一は、労働者階級の自発的な組織化の手法のなかから現れた研究であり、オペライスタが「コンリチェールカ《共同調査》」[8]と呼ぶ活動である。それは労働者階級の視点から着手される活動で、社会的調査と評価というブルジョワ的手法と対立するものである。第二の活動は、この労働者階級という集合的主体が自ら、自発的かつ消極的である抵抗という手段を超える方法について、理論的に構築することである。

このように労働者階級が再定義された背景には、競争という慣習にもとづく資本制度からオペライスタがネオ・カピタリズモ《新資本主義》と呼ぶ主張、すなわち第二次大戦後の高度成長によって成立した独裁的で独占的な統制が一目瞭然であり、より組織的に拡散していく資本制への移行があった。この移行のキーフレーズは経済計画[9]である。一九六〇年代のイタリア、そしてヨーロッパ全体で行われたことは、一九三〇年代にアメリカで起きたことであり、つまり生産システムはより効率的に組織されたのだ。これは工業生産が工場を超えて社会全体へ、さらに一般的に拡大し普及したことを意味する。一九六〇年代に、新資本主義は蓄積という資本制のシステムと、福祉国家のプログラムを有機的に結びつけた。伝統的な自由競争の資本主義が、初歩的な方法によって労働力の社会的条件を自明として利潤の蓄積を重視した一方で、新資本主義は労働者の社会扶助についてさらなる高次の好例を示し、それは労働時間といった労働規定の内容を超えるものだった。アドルフ・バール[10]が述べたように、新資本主義企業は労働力の富を重視した。なぜなら、この富は消費者の豊かさも意味するものであり、社会全体の豊かさを意味するからである。*2 それに対して、ラニェーロ・パンツィエーリは次のことを加えている。

> 工場は、単に物質財の生産のためだけに動いているのではなく、社会全体とともに動いている。なぜなら、工場がその能力を維持し、守り、発展させるために、社会全体を統合する間断ないプロセスで計画すべきだからだ。したがって、社会計画学の趨勢は新資本主義制度の工場の新しい生産方法に内在している。*3

こういった理由から重要なことは、伝統的な象徴的表現と、一九七〇年代のグループというささいか偏狭な思考まで、自律性の企図に対する私たちの考えを限定することではない。労働者階級に関する彼らの仮説に対する私たちの分析を、政治上の功績と知識人たちの闘争性《ミリタンシー》といった、さらに一般的な状況にまで開くことが重要なのである。オペライスタたちの仮説は、彼らが形成された時期にだけ現れたのではなく、オペライスタたちが資本制の内部にいながら、それに対抗するという自らの立場を特定したイタリアの自律性のプロジェクトという広い観念の視野においても形成されたのである。このように、都市とその政治性《ポリティクス》の分析の理論的なアプローチを刷新した状況で、福祉国家のテクノクラート的「人間至上主義」と、その教条的できまりきった説明は激しく攻撃された。

＊1　オペライスタの初期のグループはパンツィエーリの周囲に集まる若い知識人で構成されていた。彼らはおもにローマ、トリノ、ミラノそしてヴェネツィア・メストレ出身だった。マリオ・トロンティとアルベルト・アゾール・ローザを含むローマ出身のメンバーは「理論家」と見なされていた。ヴィットリオ・ライザーとロマーノ・アルクアティを含むトリノとミラノのメンバーは「社会学者」として知られていた。というのは、彼らはトリノのフィアットとイヴレアのオリヴェッティを中心とする社会研究の着手に取り組んでいたからである。アントニオ・ネグリを含むメストレ出身のメンバーは、工場の、具体的にはポルト・マルゲーラの化学工場の内部闘争に関する理論研究を応用することに関心があった。オペライスタ・グループの様々な立場を再現した研究については、Borio et al. *Gli operaisti*［労働者たち］参照。

＊2　ラニェーロ・パンツィエーリによるアドルフ・バールに関する記述は、Raniero Panzieri, "Relazione sul neocapitalismo［新資本主義についての報告］", in *La ripresa del Marxismo-Leninismo in Italia*［イタリアにおけるマルクス主義-レーニン主義の復興］(Milan: Sapere Edizioni, 1972), p.178.

＊3　＊2。

自律性《オートノミー》と知識人たち

新資本主義《ネオ・カピタリズモ》において、社会総体はひとつの生産システムに変わっていく傾向にあり、そのために知識人の活動は根本から変わった。イタロ・カルヴィーノ〈1〉とピエロ・パオロ・パゾリーニ〈2〉のような知識人たちは、自分たちが新しい生産システムが強要する社会関係と向き合わなければならないと考え、消費社会という新しい状況を受け入れ、あるいは反対に批判した。また詩人のフランコ・フォルティーニ〈3〉などほかの知識人たちは、文化の生産者としての知識人の役割と、さらには資本制の内部で政治的に自律した彼らの立場の役割を問題とするために、文化的消費といった神話を超えていった[*1]。フォルティーニは、新しい労働組織のなかで文化を経済と調整する視座から、もはや「職業 vocation」としてではなく、マックス・ヴェーバー〈4〉の言葉にある「専門 profession〈5〉」として知識人の姿を構想した。知識人の任務というこの新しい、専門的な次元を鑑みて、一九六〇年代に三〇代だった知識人と理論家の世代は総じて、美学を分離させると自律性が存続できなくなる〈6〉と考えはじめた。それどころか彼らは、自律を達成させる唯一の道は社会の新しい生産形式とその関係において、徹底して政治的な態度を示し、政治的に決定することであると考えた。「内部から対立する」ことは、資本制の権力構造を拒否する方法となった。それはこの権力構造がどのようにして政治的な決定、文化的業績、詩的経験の問題と関係して現れたのかを厳格に理解することによってなされた。

このように新たに政治的に切迫した状況から、グループの理念に共生する理論的、政治的なミリタンシー《闘争性》をまとめる特殊な方法が形成された。グループの理念は、このような社会的なつながりによって必然的に現れる知的、実存的な連帯意識の枠を超えて、友／敵の二分法であることも理解されている。[*2] その二分法は、文化が公平であるという誤った幻想と、党組織と公的な政治機関の既成の文化政策の双方に対して争うためのひとつの手段である。文学分野の「グルッポ'63」[7]のような知識人グループと建築分野のアルド・ロッシの周囲のグループは、新しい政治的主体性という理念を中心として結成され、彼らは生成《ポイエーシス》の行為としてこの理念をすぐに検証した。彼らが政治的にも文化的にも、新資本主義という背景から自律しようとして共同で確立した詩学《ポエティクス》は、その背景に対抗する手段として明示的に構想されたものである。アントニオ・グラムシ[8]は、共産党機関が覇権を握る状況における有機的象徴としての知識人の役割を理論にしたが、一九六〇年代のグループは、すでに広まっている新しい資本制に関して、自由民主主義政治と段階的に統合されようとする文化を引き離そうとし、またその統合に反対する意思を明らかにした。さらにこのグループのメンバーたちは、自分たちの任務がより大きな個人社会に提示される個人的寄与になるとは考えなかった。それどころか彼らは、その任務が分離主義 secession の革命精神において政治的に偏った連帯において現れる集団的経験であると考えていた。興味深いことに、このことは詩人のフォルティーニが一九六〇年代にもっとも重要な政治文化誌のひとつであった『ピアチェンティーニ・ノート *Quaderni Piacentini*』の創設者ピエールジョルジョ・ベロッキォ[9]に宛てた手紙を想起させるのだ。

新しい共産主義は、精神的―社会的共同体の社会と道徳―文化的階級社会のなかで欠かせない組織に対して、倫理的に豊かな生活の場としての共同体と、その生活の豊かさを実証するものとしての政治活動の双方の可能性で対抗していく、という展望をもたなければならない。共通の目的と世界概念という不文法によって新しいグループに統治させよう。このグループは、「ファンクショナル《機能上の》な」、すなわち「リベラル《進歩的、自由主義的》」という言葉の意味において、圧力団体でも政治的にロビー活動する団体でもない―イタリアにおいては、公式のマルクス主義の党でさえも認めたひとつの役割である。そのグループは共通する専門の団体会員、交友関係、あるいは世代のいかなる基盤においても責任ある政治意識―世界観を展開させるべきだ。この類の布陣《フォーメーション》はつねに歴史のなかで起こっている。グループはつねに政治的な布陣の前提条件を定め、その布陣は支配勢力として展開する。グループは、彼らを取り囲む歴史的「現実」を最初から徹底して拒否したが、そのことによって彼らは、貴族社会、西洋の古代史と近代史にあふれている典型的な社会階級に似ている。しかしそうであっても、彼らは現実を変えようと全力を傾けることによって、自分たちが階級層にあるという自負心と、その結果として生まれる堕落した自惚れを回避できるのだ。[*3]

社会的な特権階級としてのグループの理念が、専門家としての知識労働という理念と矛盾すると考えるべきではない。ここで社会階級層の理想は、自由主義社会の文化的討論に典型的なオープンエンド《変更可能な》議論形式を拒否する立場をとることを意味する。グループは複数性に反対して、自らの分析が推定されうる科学的真実であると断言するのではなく、自分たちの主張が支持しようとする社会の側に貢献する決定的な武器に変換する可能性を示すことによって、自分たちが表す見解の優位性と絶対性を主張する。[*4]

　続いて、政治分野と建築分野グループの自律性に関わる活動ではなく、彼らの理論的主張に関わる自律性の構想を再構築しよう。ラニェーロ・パンツィエーリ、マリオ・トロンティ、アルド・ロッシとアルキズームに焦点をあてよう。パンツィエーリとトロンティはオペライズモの展開に関係したもっとも重要な人物である。ロッシとアルキズームは、ふたつの対立する思想グループ、テンデンツァとラディカル・アーキテクチャー[10]という一九七〇年代にポピュラーになったグループを代表する。ある役割を担ったこの四者の知識人とグループに共通するものは――少なくともその形成期には――資本制の現実が強要するポリティクス《政治的立場》に代わるもうひとつのポリティクス《政治性》を理論化した功績である。この四者それぞれの取組みを理論的な前提として分析しよう。私が提示することは、彼らの声と様々な自律性のプロジェクトを単一の構想《プロジェクト》として潜在的に理解されるアプローチに構成することである。このことを五部構成で示していく。資本制を厳密に分析する試み（パンツィエーリ）。労働者たちの政治的潜勢力の理論（トロンティ）。政治的なものの自律性の定義（トロンティとマッシモ・カッチャーリ）[11]、都市と建築の政治性の概念化（ロッシ）。そして最後に、労働者が自律する必要条件としての資本主義大都市論の提案（ブランジ）である。この五部構成による本書を、一九六〇年代にイタリアで展開された政治的、詩的な構想力が熱烈に高まった季節を歴史的に再構築するための最初の寄稿としたい。

＊1　Daniele Balicco, *Non parlo a tutti: Franco Fortini intellettuale politico*［すべての者には語らない：フランコ・フォルティーニ政治哲学の知識人］(Rome: Manifesto Libri, 2006), p.22.

＊2　この二分法は、とりわけドイツの政治哲学者カール・シュミットの思想と深く関係している。政治行動主義の中核として対立と闘争を理解していた状況において、一九七〇年代に大半の左翼知識人たちは、シュミットの論文と誰が友で誰が敵であるかという決定論にもとづいた彼の政治概念を再発見した。Carl Schmitt, *The Concept of the Political*［政治的なものの概念］(Chicago: University of Chicago Press, 1996).

＊3　Franco Fortini, "Lettera ad amici di Piacenza［ピアチェンツァの友人へ］", in *L'ospite ingrato: Testi e note per versi ironici*［不愉快な客人：反語的詩集のための本文と注釈］(Bari: De Donato, 1966), pp.89-97.

＊4　グループ group のイデオロギーと、ネットワーク network という現在ポピュラーになっているイデオロギーとの大きな違いを識別できるだろう。グループはその内部で共有する自律性によって、既存の社会秩序の形態に内在する統合プロセスに対し政治的に偏向した異議を唱えた。ネットワーク、すなわちつながりは現代の多くの知識人が取り入れるイデオロギーであり、当然のこととして社会秩序を担う、すなわち、政治的に中立したデヴァイス《装置》と見なされた。一方で、その技術的、通信上の組織の活発な動態《ダイナミズム》は、社会秩序のもっとも重要な形式となると考えられている。

パンツィエーリ：資本制と技術革新は同一である

イタリアにおける自律性の構想《アウトノミア・プロジェクト》の根本的な出発点は、ラニェーロ・パンツィエーリが資本制的生産力の発展についてマルクス主義理論で示される「客観主義的 objectivist」で「経済主義的」なイデオロギーを攻撃したことだった。パンツィエーリは、イタリア社会党 Partito Socialista Italiano, PSI〈1〉の活動家であり、またマルクスの著作の革新的な解釈者でもあり、そしてそのイタリア語訳者としてキャリアを形成したが、その将来性のある思想を進展させることなく一九六五年に四三歳という若さで他界した。

しかしながら、生権力と技術の発展による資本の支配権の拡大という今日的議論を見越した生産批評を行うとき、彼の役割がきわめて重要だったことは疑いの余地がない。パンツィエーリは、組合と一般の労働運動が新たな産業の発展を重視するほどの切迫した状況を認めていた。しかし彼は、ソヴィエト・ブロック内部において、いわゆる実現した共産主義が崩壊したこと、またソヴィエト共産党が技術の発展に熱狂的であり、それを資本制の明らかな無秩序状態を合理化する方法として考えていたことに着目した。彼はそういった観点から、純粋形式としての技術的発展の重視を理想化して、資本制の社会構造にある権力要因との具体的関係を欠いたものにするならば混乱が起きると気づいた。『クァーデルニ・ロッシ』の創刊号で発表された「ネオ・カピタリズモにおける機械の利用目的について Sull'uso delle macchine nel neocapitalismo」と題する革新的で好戦的な論説[*1]のなかで、彼は次のように述べている。

　資本が工場組織の独裁主義的な構造を永続させ、強化するためにその前段階から全面的な機械化、そしてオートメーションまでの移行が示した新しい「技術基盤」を用いることは間違いない。工業化の全プロセスは、人間を「環境とその人間の物理的能力が強要する制約」から解放させる「技術の宿命」に支配されていくものとして示される。「管理の合理化」と外部機関の機能の成長と巨大化は、「技術的に」あるいは「純粋に」なることと同じと見なされる。このような発展と同時代の資本制のプロセスと矛盾との関係、すなわち、資本制の計画を完遂し、強要するためにこれまでにないほどに複雑な手段を追求すること、そして労働者階級運動が生活しつつ戦うこと（日々、機械と組織を「資本主義的に利用すること」）に自らを見出した明確な歴史的事実、これらすべてのことは、技術空想主義的なイメージが好まれたために無視されてしまった。[*2]

　パンツィエーリによると、正統マルクス主義は商品の生産プロセスをその商品の評価プロセスから誤って引き離してしまったのである。前者のプロセスは「市民権を与えられ」「生産力の発展」として楽観的に信じられて描かれた。他方で価値の生産は、蓄積に傾きがちな資本の機能として考えられた。このことを理由に、正統マルクス主義と―実にほとんどのマルクス主義の理論と哲学は―生産のモーメント《契機》を見逃し、循環、流通と消費の方法を批評しがちであった。このことで正統マルクス主義は、生産プロセスを社会主義的に割り当てることで労働者の労働の産物の用途を「自動的に」逆転できると提唱するにいたった。こうして技術を前提としたニュートラル《中立的》な場において、マルクスの客観主義と新資本主義が出会ったのである。この遭遇の歴史的背景には一九六〇年代の新しい産業風景〈2〉があり、その風景は加速する商品の大量消費、ホワイト・カラーとサービス産業の拡大を特徴としてヨーロッパ社会を裕福で豊かなイメージとして描いた。このような背景から、公式の共産党組織は政治闘争を時代遅れの解放手段であり、それは資本制の新たな段階《フェーズ》において発展していく経済合理性とは相容れないと考えたのだ。

　パンツィエーリは、このようなマルクス主義者たちの新資本主義への熱狂的歓迎に対して、生産手段を前提とすること、あるいは擬似《エセ》合理的に支配することは、資本の独裁的な政治的勢力の要因であると考えて反対した。「資本主義的計画学は、生活労働の計画学を前提とするものである」とパンツィエーリは記す。「そして、資本主義的計画学が閉鎖的で、完全に合理的な規則体系というイメージをうちだすならば、それはいっそう抽象的で偏ったものとなり、組織の上層部だけに利用されるようになる」[*3]。この資本主義的「合理性」に対抗する武器は労働者の政治的主観性以外ありえなかった。労働者の政治的主観性とはすなわち、生産し、それゆえに「合理性でなく統制を、技術的なプログラミングではなく関係生産者たちに自由裁量権を与える計画」を要請する人々が権限を獲得しようとする企てにほかならない[*4]。

　労働者は、資本制の機械の使用そのものを資本制の内部から対抗したのだが、パンツィエーリが彼らのそのような主観性を再評価した理論的前提とはいったい何であろうか？　パンツィエーリはマルクス主義の伝統を修正することにより、マルクスの論理的に厳格な著作、とくに『資本論 *Das Kapital*』[3]の厳格に書かれた箇所で、労働者の自律の実現可能性を発見した。マルクスはその部分で、労働者階級が自らの存在のために、いかにしてブルジョワの資本主義的イデオロギーを解明するプロセスに依存したのかを理論化したのだった。パンツィエーリは、労働者間の協業は集団労働をもっとも単純に表現したものである、というマルクスの識見を支持した。しかし、それ以上に重要なことは、その協業は資本制の基本的な生産形式でもあったということだ。資本制は、個々の労働者が自らの労働を売るという自由を前提にしていた。問題は、この自由は労働者が資本と個別に関係したときにのみ存在するということだ。マルクスが主張したように、労働者の協業、つまり自由な状態の個人の集まりからひとつの労働者社会へと労働者たちが転化することは、資本が支配する状況においてはつねに起こっている。なぜなら資本は、最大限の生産性のために労働力を編成することを既得の権利としているからである。このようにして労働者の社会的協業は、生産サイクルの最初期に資本の側に無償で搾取されたのだ。生産的な社会的労働力は、大衆労働者に生産性をもたらす組織された協業であり、したがってマルクスが主張した「内在する生産能力」のような何か当たり前のシステムとして、資本がその所有権を回復するものである。技術の進歩によって、資本制の生産組織は抑圧的な制度から説得・誘導する制度までの展開を経て、かつてないほど手の込んだシステムになり、その搾取的性格を露わにする兆しすら見せない労働形態となった。

パンツィエーリは、資本制下の労働状況がこのように展開する局面を鑑みて、『共産党宣言』のマルクスとエンゲルスの〈4〉議論を覆した。その議論は、ひとたび労働者の仕事が厳密で効率的な労働区分に編成されてしまうと、彼らは資本制に魅力を失ってしまう、という見解である。マルクスとエンゲルスは、個々の労働者たちは次第に機械の付属物となっていくことで労働への意欲を失うだろうと主張した。パンツィエーリはその主張に反対して、技術がたえず発展することによって機械は全面的なオートメーション化へと向かい、情報は労働者のためにさらにやりがいとなる動機をつくりだす、という現代的なシナリオで対抗した。彼は次のように述べている。

労働者階級の態度を操作するために「情報」技術を活用するとき、資本制は労働者たちが甘受する、あるいはむしろ「安定する」には十分すぎるほどの余裕がある。生産プロセス全体に関わる「情報」が、ある限度を超えて資本権力の安定要素であることを止める、そういった限度を定めることは不可能である。たしかなことは、現代資本制の活動がいっそう複雑な状況において、情報技術は『共産党宣言』がかつて語っていた労働の「魅力」あるいは達成感を回復しようとしているのだ。[*5]

このようにパンツィエーリは、労働者が資本制に政治的に依存する要因は、彼らが富と社会福祉の拡大を望んでいることであると考えた。

新しい科学上の発見と、終わりのない技術的発展の過程におけるその発見の応用によって新しい機械を導入し、研究を刺激すること、これは資本制の蓄積の本質である。資本制の蓄積は、人間が自然を支配する方法としての新しい技術という不可抗力の波である。それはまさに、蓄積の過程において新機軸のファクターが剰余を生みだす理由である。[*6]

この剰余価値の抽出、すなわち利潤の抽出は、資本制を革新するための基本的な機動力だった。イノヴェーション《革新》は、労働力の規模縮小に役立つだけではなかった。それはまた技術をいっそう高め、この高度な技術を全体に広めて、革新による生産手段を向上させること以上の、何かほかの見通しを想像することを不可能にさせたのだ。パンツィエーリによると、この活動的な状態を維持するために、資本制は突然、飛躍的に前進することによってそういった継続性を定着させなければならなかった。そして資本制は、このような突発的な技術的跳躍をふたつの方法で世界に投影した。一方は生産レヴェルにおける労働条件の改善であり、他方は消費レヴェルにおける商品改良である。

パンツィエーリは、資本制的生産力が発展するときのこの「弁明的な」性質を批評することによって、労働者が資本から自律する可能性を明確に示した。彼は、資本制がとどまることのない技術革新によって新規の仕事、新しいスキル、新しい専門知識を継続的に生みだすようなイデオロギーの状況に注意を向けた。そして、生産力の発展過程において、資本制がいかにして伝統的な労働生産物を、それらをまだ必要としているときでさえも、不適格と見なしがちだったのかを詳しく説明した。新製品が次々と発表される状況下で、そのいくつかはまさに革新的であるが、そのほかは単なる語義上の発明にすぎない。そして資本制はその技術革新の文化的、社会的、そして科学的成果を把握することによって、労働を可能なかぎり政治的な運営体制に統合させようとした。パンツィエーリにとって、この統合能力を示した決定的な事例はイヴレアのオリヴェッティ工場[5]だった。パンツィエーリは、オリヴェッティがイノヴェーションと社会福祉、そして文化を一緒にもちこんだと考えていた。オリヴェッティ工場の目標は、アドリアーノ・オリヴェッティ[6]という「聡明な」事業家で改革者でもある人物に率いられ、模範的な従業員コミュニティ、「人本主義的」な生産センターとなることだった。そこでは情報技術開発だけでなく、その社会、文化関係事業についても重点的に取り扱われた。オリヴェッティは一九三〇年代からずっと近代建築のパトロンの役割を果たしていた。彼は近代建築を、自身の目的を維持しつつ生産空間を構築するための進歩的な言語と見なして、会社のもっとも重要な建築と施設をルイージ・フィジーニ Luigi Figini（1903-84）、ジーノ・ポッリーニ Gino Pollini（1903-91）とイニャツィオ・ガルデッラ Ignazio Gardella（1905-99）といったイタリア建築家に委託した。[*7] オリヴェッティはさらに、この企業精神を維持するためにフランコ・フォルティーニのような知識人を「被雇用者」にして、パオロ・ヴォルポーニ Paolo Volponi（1924-94）のような左翼文筆家を巻き込んだ。

　しかしながら、パンツィエーリはオリヴェッティ・モデルが高度資本主義イデオロギーの完成形であり、文化そのものが生産に不可欠な契機《モーメント》になっていると考えた。パンツィエーリは好戦的に次のように記している。「オリヴェッティを考えると」、「それは、プログラムと研究に取り組む知識人たちの冷たいファサードをもつ封建的な宮廷＝大邸宅《court》であり、そのプログラムと研究は社会全体を統合しようとする資本主義の意志の偽りの仮面にすぎないのだ」[*8]。パンツィエーリによると、さらに悪いことは改革主義的なブルジョワ知識人が実施した労働の社会学的分析である。というのは、その知識人たちは生産手段を新資本主義的に合理化させること、その結果として起こる労働の発展を「人本主義的」な進歩として描いたからである。この知識人たちは、会社の技術資源が発展するときに労働者個人が労働の実質を積極的に再領有し、一労働者から一技術者そして消費者に転化すると考えたのだ。

　しかし、パンツィエーリの視座においては、労働者による技術的生産手段のコントロールが、たとえばマルクスが論じる「疎外」[7]に代用できると考えることは難しい。彼は、労働者がこの「改革」と「革新」が定着しがちな労働プロセスに責任をとることによって、この方法を政治的にコントロールすることが重要であると考えた。それは、まさにパンツィエーリがフランス人社会学者ジョルジュ・フリードマン[8]と激しい議論を行った論点そのものだった。フリードマンの高名な著作『人間的な労働はどこへ行くのか *Où va le travail humain ?*』——オリヴェッティの出版社でイタリア語に翻訳された本であるが——は労働の発展に関するマルクスの論文をナイーヴに用い、個人が自らの労働を心理的そして物理的にコントロールする能力を高める手段としてオートメーションを解釈したのだ。

　パンツィエーリは、技術的発展による労働の変化を擁護する弁明的な声にただ批判的だったのではなく、テオドール・W・アドルノのようなこの技術的発展を徹底して悲観的に考え、反対する人々に対しても批判的だった。パンツィエーリは、アドルノが新しい技術の発展に対するいかなる肯定的態度にも妥協しない態度であること、そしてとくに、結局のところその肯定的態度が最後には自らを文化的にゆがめることになるという彼の批判も称賛した。彼は第一回オペライスタ集会に参加し、アドルノの『ミニマ・モラリア *Minima Moralia*』〈9〉から次の一文を引用した。

かつて哲学者たちが考察していた人生は私生活となり、昨今では単なる消費生活になった。そしてこの消費生活は、自律性もなく固有の実体のないまま物質的生産プロセスに引きずられ、一種の付属物でしかないというのが実情である。その直接的な生活の真実を知ろうとする者は、その疎外された姿、ようするに個人的生活をその隠されたところの奥底まで規定している客観的な諸力を探求しなければならない。*9

しかしパンツィエーリはアドルノの主張に留保も示した：

アドルノから引用したこの一節は非常に興味深く、また正しいように思える。しかし、彼が客観的な諸力を扱っているにもかかわらず、その批評は疎外のもっとも可視的なレイヤーである消費のレヴェルで行き詰っている。けれども私たちは、消費そのものが生産のプロセス全体の一部の真実にすぎないことを知っているのだ。*10

アドルノは、体制に対する個人の抗議は消費のレヴェルで扱われただけだったと考えていたが、パンツィエーリはそのことによってアドルノと彼のような批評家は生産とその社会的仕組み、そしてその政治的な組織を正確に分析できなかったと考えた。パンツィエーリは、アドルノの美学に関する鋭敏な論文が――彼はアドルノの音楽に関する著作を大変称賛していたが――資本制の重要性を超えて、資本制的生産の政治的なコントロールにまで拡張できなかったことを指摘した。パンツィエーリにとって、アドルノのような哲学者たちの限界は他の社会階級の人々、つまり、ホワイト・カラーとサービス部門がいっそうプロレタリア化することをすっかり見逃していたことだった。というのは、哲学者たちは彼らが中産階級の消費社会で疎外されていることしか認めなかったからだ。パンツィエーリが指摘したように、アドルノが誇張して「社会学者は残忍で滑稽な問題に直面している。どこにプロレタリアートがいるのだろうか？」と尋ねたのは偶然ではなかった。

オペライスタの自律性の企図《プロジェクト》全体を基礎にしたこの問いを明らかにし、政治的に、しかし社会学的ではない解明法で答えることが取り組むべきことそのものだった。パンツィエーリにとって、資本制がより広い範囲で経済的に社会を統合する状況において、自律性は技術的発展を解明すること、そして労働者が政治性《ポリティクス》によってこの発展をコントロールすることを意味する。このことは、生産と消費を分離できないひとつのプロセスとして理解する必要性を示唆する。パンツィエーリは、論文「剰余価値と計画立案 Plusvalore e planificatione」で、資本制の生産メカニズムというイデオロギー的な表現を批判して前記の識見を支持した。[*11] 彼は、レーニンが経済の目的は有形財の産出ではなく、生産関係がつくりだす社会関係の提示であると再確認したことに立ち返ることから議論を始めた。しかし、パンツィエーリはレーニン自身は技術が寄与する役割と、そのような社会関係が築かれると、技術についてのより高度な知識が必要になることを理解しなかったと指摘した。

それでは、工場における機械の根本的な役割とは何であろうか？　パンツィエーリにとって、それはプロセスの最終段階で資本制的生産の実際の剰余価値に相当するもの、すなわち労働者の協業を占有することである。労働力はもともとは個の集合体であるが、ひとたび協業的なグループに転換すると資本制の側が無償で利用できる生産力となる。パンツィエーリが記すように「資本制において協業は剰余価値の基本原理である」[*12]。彼はマルクスを引用して次のように語り続ける。「このことを理由にして、労働者の結束は究極的に自分たちの利益に反するものである。なぜなら、労働者は資本主義の経済計画を促進するのであり―すなわち彼らは、資本制システムによって社会的に認められたからである。こうして労働者たちは彼らの外部に存在しながら、事実上彼らを抑圧する政治権力によって編成されているのだ」。

パンツィエーリは、このシナリオに反対して労働者が資本制度を破壊する究極の行為を「労働者による統制 worker's control」と名づけて提案した。それは、彼らが社会レヴェルの制度改革で圧力をかけるように導くのではなく、それに対して政治的な潜勢力を民主的に遂行するという能力である。彼は「労働者による統制について Sul controllo operaio」で次のように述べている。

労働者運動の政治的闘争は、工場空間までに狭められるものではなく、すべての社会層において闘われるべきだ。しかしながら、この闘争の本来的な場所は、生産手段としての性質において工場である。ここで労働者は、社会的な生産条件について、格闘しつつ対抗しなければならない。労働者による統制の課題とは、生産の中心である工場のレヴェルにおける対立を要請することである。[*13]

パンツィエーリは、このように明晰に分析したにもかかわらず、労働者たちが民主的手段によって社会を統制すべきであるという曖昧な提唱から先に進むことができなかった。『クァーデルニ・ロッシ』の主張は、労働者階級の問題を分析的に研究するレヴェルにとどまっていた。パンツィエーリが検討した結果、オペライスタの間でさらに生じた問題は次のとおりである。資本制的生産力が強要する現状を覆すために、パンツィエーリの分析からどのような政治的結論が構想されうるだろうか？　労働者階級の視座を「労働者による統制」に関する実行可能な政治的主張に変えるために、現状に対してどのような取組みが理論になりうるだろうか？

この問題に対する具体的な解答は、一九六二年に起こったいわゆるトリノの憲法広場における事件に暗に示されている。トリノ―イタリアのデトロイトに相当する―は、一九五〇年代から一九六〇年代にイタリア自動車産業を牽引したフィアット社の影響下でもっとも進んだ工業生産形態があった。一九五〇年代の終わりから一九六〇年代はじめにかけて、トリノ市街はイタリア南部からの大量の移民が押し寄せる中心地となり、このことによって労働者階級の性格は劇的に変化した。彼らは、生産者として既成の組合に従属することに誇りをもつ「熟練労働者」、すなわちイタリア労働社会の主役ではなかった。新たな労働力が豊富に供給された影響で工業生産量は飛躍的に成長したことにより、イタリア北部の産業都市、とくにトリノに現れたのはまったく異なるタイプのプロレタリアートだった。彼らはこれまでの熟練労働者よりもずっと疎外された立場であり、したがって仕事に対して無関心とまでいわないまでも反抗的だった。新たに出現した労働者は、単に仕事を嫌うのではなく憎んでいた。彼らは工場に対してまったく日和見的に依存していて、従来の労働者にあった倫理感や生産に対する責任感を欠いていた。

一九六二年七月、中道左派のいわゆるイエロー・ユニオン（UIL イタリア労働者連合）[10]、シンジケート《企業連合》のなかでも改革派に代表される労働者たちは、さらに左翼寄りの労働者連合の「レッド・ユニオン」とは別に契約更新に署名した。レッド・ユニオンのひとつのイタリア労働総同盟 Confederazione Generale Italiana del Lavoro, CGIL[11]は、フィアット社の工場からUIL本部への行進を予定したデモンストレーションを組織した。連合の指導者たちがデモンストレーションを平和的にすませようとしたにもかかわらず、労働者はUILに対して激しいゲリラ戦を起こしそれは市内全体に広まった。闘争は規模が拡大して数日間続いた。多くの左翼運動家にもっとも強い印象と衝撃を与えたのは、労働組合が設定した政治的なものの境界に対して労働者たちがはじめて公然と争ったことだった。いまや労働者たちの抗議は、彼らの労働体制になくてはならないと考えられていた連合そのものに向けられたのだ。

オペライスタたちの目には、憲法広場の抗議運動からどのように社会を分析しても、新しい政治的主体は大衆労働者に移ったことが明らかだった。この主体はもはや、労働者すなわち生産者としての地位を誇り、労働者運動という公的機関の民主的な政策によってイデオロギー的に特定される受動的で組織化された左翼の闘士《ミリタント》ではなかった。それどころか、大衆労働者は仕事に関してずっとシニカルで――ここでは逆説になるが――したがって抑圧的で家父長的な工場の方針に対抗して闘争したことは、潜在的ではあるものの彼らに有利に働いた。特筆すべきは、仕事に対する労働者たちの嫌悪は、資本制がさらに高度な生産システムを目指して発展した直接の結果であることだ。新しい大衆労働者は、無教養で異端人種の出現としてオペライスタたちに称賛され、資本制の社会組織のもっとも高次のレヴェルの労働者階級運動に関して、革命的な新しい展望の可能性を切り開くだろうと考えられた。

しかしながら、憲法広場の事件は衝撃的な兆候であり、そのシナリオの応答としてパンツィエーリのグループはふたつに分裂した。パンツィエーリ本人は、トリノの事件がどれほど重要であるかについては非常に懐疑的で、大衆労働者の無秩序な抗議は政治的には意味をなさないと考えていた。しかしながら、マリオ・トロンティの周囲に集まる知識人グループは、抗議によって、労働者階級の純粋な分析理論から革命の実践に移行できると考えた。パンツィエーリとトロンティの主張は、わずかだが根本的なところで異なっていた。パンツィエーリは、労働者の自律は労働条件の社会的分析を強化することによって、そして民主的な組織化を提唱することによって、下部から構築されるべきだと考えた。トロンティは、労働者の反動を編成する唯一の方法は直接闘争によると考えた。トロンティは他のオペライスタたちと違い、当時もまだ共産党員だった。したがって、彼が考える自律性とは、社会の一方の側の他方の側に対抗する闘争、資本に対抗する労働者の闘争として社会全体を考える可能性を意味していた。

＊1　Raniero Panzieri, "Sull'uso delle macchine nel neocapitalismo〔新資本主義の機械を利用することについて〕", in *Quaderni rossi* 1〔クァーデルニ・ロッシ〕(1961), pp.53-72.
＊2　Ibid., p.59.
＊3　Ibid., p.61.
＊4　Ibid., p.61.
＊5　Ibid., p.62.
＊6　Raniero Panzieri, "Relazione sul neocapitalismo〔新資本主義についての報告〕", in *La Ripresa del Marxismo-Leninismo in Italia*〔イタリアにおけるマルクス主義-レーニン主義の再生〕, p.171.
＊7　イヴレアのオリヴェッティ地区に関して、Patrizia Bonifazio, *Olivetti costruisce: Architettura moderna a Ivrea*〔オリヴェッティが建設する：イヴレアの近代建築〕(Milan: Skira, 2006) 参照。
＊8　Ibid., p.195.
＊9　Theodor W. Adorno, *Minima Moralia: Reflections from Damaged Life*〔ミニマ・モラリア：傷ついた生活裡の省察〕, trans. E. F. N. Jephcott (London: Verso, 1978), p.15.
＊10　Panzieri, "Relazione sul neocapitalismo〔新資本主義についての報告〕", p.212.
＊11　Raniero Panzieri, "Plusvalore e pianificatione: Appuniti di lettura del capitale〔余剰価値と経済計画：資本についての講義録〕", in *Quaderni rossi* 4〔クァーデルニ・ロッシ〕(1963), pp.257-77.

＊12 Ibid., p.263.

＊13 Raniero Panzieri, "Sul controllo operaio［労働者による統制について］", in *La ripresa del Marxismo-Leninismo in Italia*［イタリアにおけるマルクス主義-レーニン主義の再生］, p.107.

トロンティ：社会はひとつの工場である

一九六四年のはじめにマリオ・トロンティの側についたグループのなかには、文学史家のアルベルト・アゾール・ローザ[1]、政治活動家リタ・ディ・レオ Rita di Leo、パドヴァ大学哲学科助教授のアントニオ・ネグリ、歴史家のウンベルト・コルダジェッリ Umberto Coldagelli（1931-）とガスパーレ・ディ・カルロ Gaspare di Carlo（1930-2015）、そして若い哲学科の学生で活動家のマッシモ・カッチャーリがいた。彼らが創刊した月刊誌『クラッセ・オペライア *Classe Operaia*（労働者階級）』[2]、[図7]は、少なくとも創刊時は『クァーデルニ・ロッシ』よりもエッセイ風ではなく、政治的介入について重点的に取り組んでいた。トロンティは創刊時から『クァーデルニ・ロッシ』で影響力があり、そこでパンツィエーリとは異なる立場で三本の重要な論説を発表した。技術の発展に対するパンツィエーリの批評と対照的に、トロンティは、論説「資本の計画 Il piano del capitale」において、資本制の発展によって労働者階級の待遇が改善されるべきであるが、実際は労働者側の圧力が資本の側の反応を誘発して資本の発展の水準を定めているのであって、その反対ではないと主張した。[*1] いいかえると、資本の発展を誘発するためには、資本が労働者階級に応じて自らを編成する必要があるのだ。資本制は、したがって労働者階級が戦略的に中心に位置することを暗に認めている。というのは、労働者階級は有給労働者であることによって資本の基盤となっているからだ。トロンティは、資本が発展するほど労働者階級はある一定の脅威

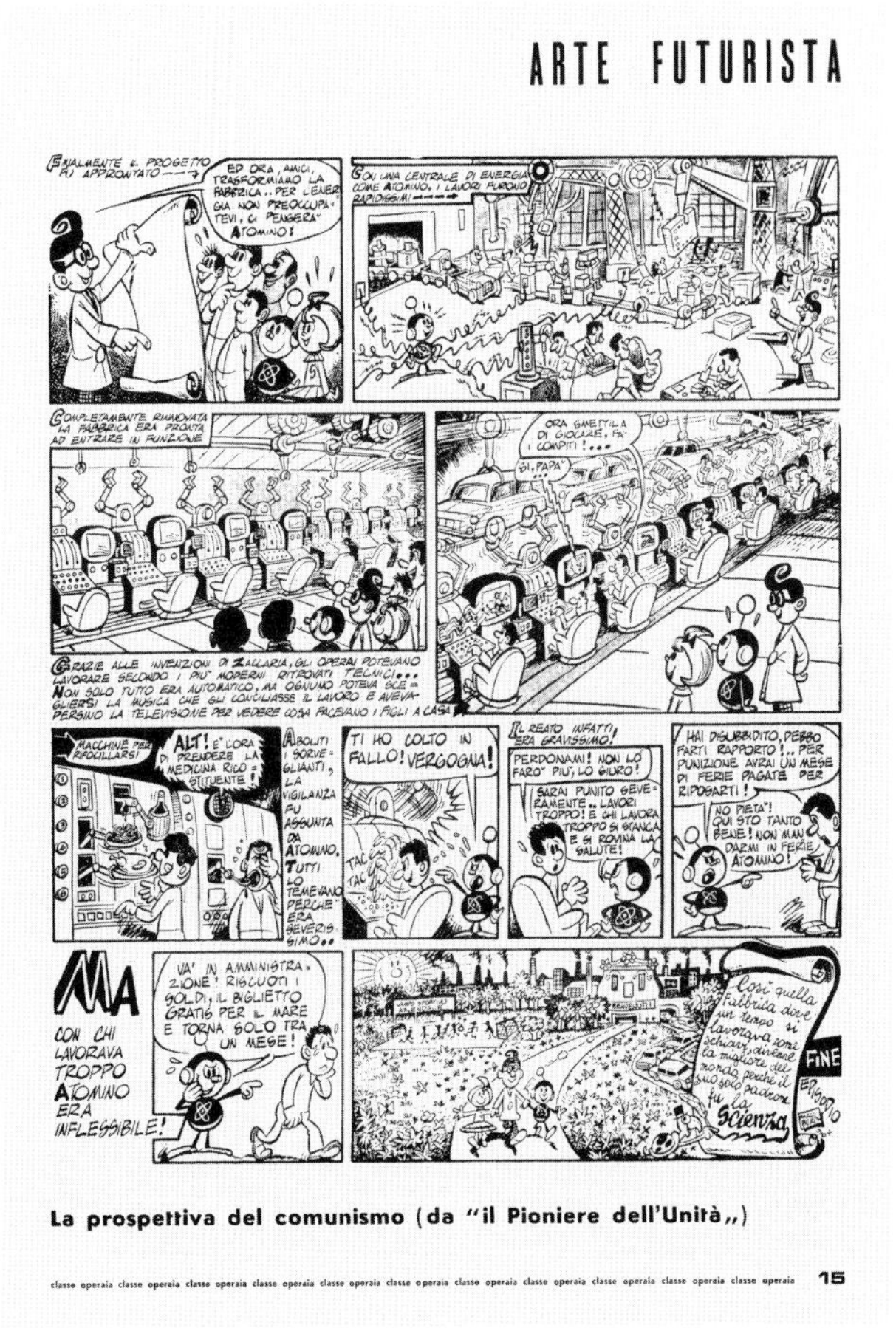

図7　オペライズモの機関誌『クラッセ・オペライア』一九六四年第七号に掲載された漫画の一部の再掲。最初に共産党機関紙『ウニタ』の増補版『ピオニエーレ・デルニタ *Pioniere dell'Unità*』に掲載された。これは「未来主義的芸術—共産主義者の展望」という表題で再掲され、組織化した左翼のテクノ・ユートピア主義の例示となり、新技術が労働の現場にエデンの園を生みだす様子を描いたものだった。この漫画は、自分の工場の労働環境を合理化しようとする「アトミーノ Atomino」の物語である。工場を休暇村のように見立てて締めくくった。共産党が考案したこの漫画はナイーヴであるものの、労働者福祉という巧妙な手口によって労働者階級を支配する資本制の生権力の台頭を描いている。オペライスタとアウトノミスタはこの「進歩主義的」な将来像を攻撃し、それを熾烈な労働者闘争に対する反動的な応答であると考えた。

になることに留意すべきと示唆した。この階級は、どんな瞬間においても自分たちがただ発展の誘因であることによって、制度を転覆させる方法を見つけられるのだ。トロンティはレーニンにならい、次のように記している。

　資本が発展するところ以外のあらゆる場において、労働者の救済を求めることは反動的な考えである。労働者階級は、資本そのものよりも、資本制が十分に発展しないことによる被害を受ける。ブルジョワ革命によって、プロレタリアートは非常に有利な立場になった。ブルジョワ革命はある意味で、ブルジョワ階級そのものよりもプロレタリアートにずっと有益なのだ。[*2]

　この主張によって、パンツィエーリによる資本制の全体像はすっかり覆されてしまった。トロンティが提唱していたことは、労働者を民主的に動員するという曖昧な考えによって資本制的発展に対して異議を唱えることではなく、資本制的発展そのものの「内部から対抗する」労働者の政治的潜勢力である。パンツィエーリがすでに主張していたが、資本の進歩は労働者から剰余を搾取する必要性と結びつき、その搾取は労働者が反抗する可能性を抑えこむことで実行された。トロンティはこの前提を否定するのではなく、労働者の視座からその前提を徹底して引き受けることによってこの分析を超える必要性を唱えた。この考え方は、ある階級が資本と間断なく闘争することによって、資本を発展させる能力のなかに自らの権力を認識するという見通しを表している。資本制が進歩するほど、労働者階級の攻撃能力はいっそう高まる。レーニンは、産業化が進んだ一九世紀のイギリスを背景にして現れたマルクスを、二〇世紀初頭の後退したロシアに読み替えた。そして戦術的立場から、共産主義革命が彼の国の後進的な水準においては非常に有効であると信じていた。一九六〇年代にトロンティは、高度に産業化したヨーロッパにおいて、レーニンによるマルクスの読替えを提示し主張した。この考えは、マルクスが『資本論』を書いた地である「イングランド」として隠喩的に引用していて、次に述べるプロレタリアートについての彼の信念にもとづいている。すなわちトロンティは、この時点でもっとも進んだ資本制に対して、プロレタリアートが新しい共産主義革命を導くまでに十分に成熟し、進化したと信じていたのだ。

　このことは、オペライスタが取り組んだ自律性の企図《プロジェクト》の仮説のひとつだった。その仮説は『クラッセ・オペライア』におけるトロンティの最初の論説《マニフェスト》で形となり「イングランドのレーニン Lenin in Inghilterra」という表題がつけられた。[*3、図8、9] トロンティは、そのときから、オペライズモだけでなく、ハートとネグリの『帝国』といった、最近のマニフェストまでのアウトノミアの偏ったスタンスの特徴も示す独特の文体で、次のように主張している。

　　私たちは資本の発展を第一に、そして労働者を第二に位置づける考えに取り組みすぎた。これは間違いである。今や私たちは問題をひっくり返し、両極を逆転させて最初からやり直さなければならない。まずはじめは、労働者階級の階級闘争である。資本制的発展は、資本が社会的に発展したその水準において、労働者階級闘

mensile politico degli operai in lotta

classe operaia 3

"... Ma la rivoluzione va fino al fondo delle cose. Sta ancora attraversando il purgatorio. Lavora con metodo" Marx

lire 200 sped. abb. post. gr. III marzo 1964

OPERAI SENZA ALLEATI

USO DI CLASSE DELLA CONGIUNTURA

mensile politico degli operai in lotta

classe operaia 1

"... Ma la rivoluzione va fino al fondo delle cose. Sta ancora attraversando il purgatorio. Lavora con metodo" Marx

lire 200 sped. abb. post. gr. III febbraio 1964

LENIN IN INGHILTERRA

"Si„ al centro-sinistra No al riformismo

図8、9　『クラッセ・オペライア』第一号および第三号。『クラッセ・オペライア』は「闘う労働者」に捧げる月刊誌として、マリオ・トロンティが一九六四年に創刊し、一九六三年末に『クァーデルニ・ロッシ』から分離したオペライスタたちが刊行しつづけた。最終号は一九六六年である。この政治誌のふたつのアプローチは、初期に発表されたふたつの論文に示される。トロンティの影響力のある「マニフェスト」である「イングランドのレーニン Lenin in Inghilterra」では、高度資本主義社会の内部にある党組織をレーニン的に利用することが要請された。アントニオ・ネグリの「同盟しない労働者たち Operai senza alleati」では、自己組織化した闘争形態が論じられた。

争に従属することになる。資本制的発展は労働者階級闘争にしたがい、また闘争によって資本そのものが再生産する政治的なメカニズムを調整するように歩調が設定されるのだ。[*4]

しかしながら、論文「イングランドのレーニン」[図10]の理論的な前提条件をさらに理解するためには、『クァーデルニ・ロッシ』第二号に発表されたトロンティによる先見性のある論文「工場と社会La fabbrica e la società」に立ち戻らなければならない。[*5]トロンティはマルクスを引用して、資本制的生産のふたつの側面、すなわち生産プロセスと剰余価値の生成プロセスを主張した。第一のプロセスでは労働者が機械を用いる。第二のプロセスでは機械が労働者を用いる。このことを理由として、資本制に

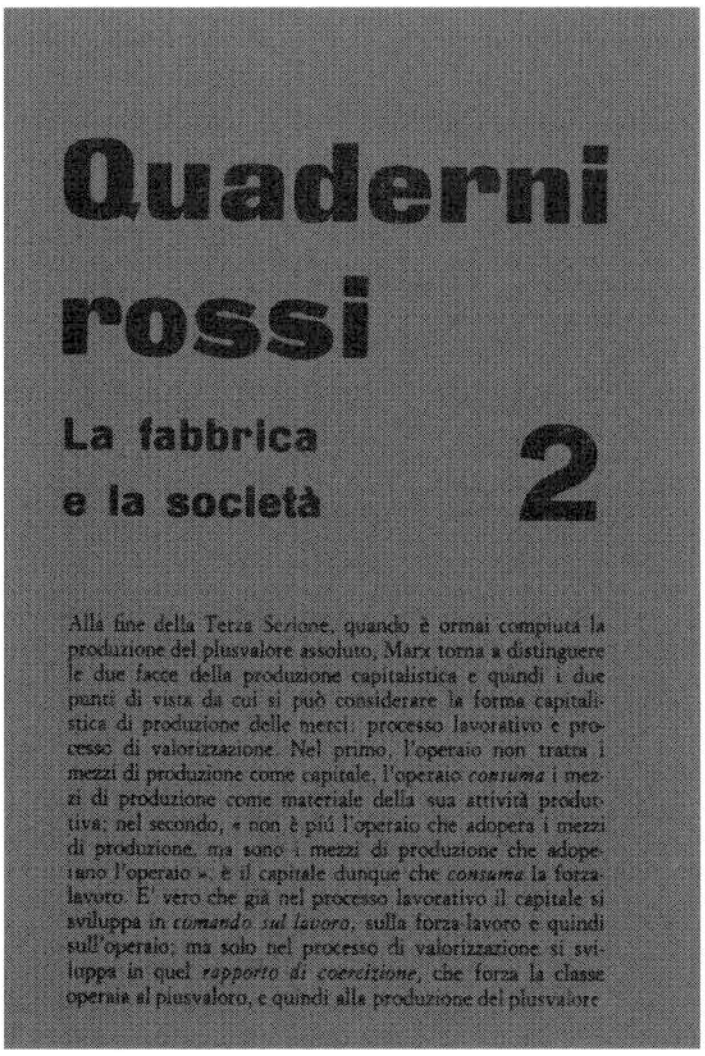
Quaderni rossi

La fabbrica e la società　2

Alla fine della Terza Sezione, quando è ormai compiuta la produzione del plusvalore assoluto, Marx torna a distinguere le due facce della produzione capitalistica e quindi i due punti di vista da cui si può considerare la forma capitalistica di produzione delle merci: processo lavorativo e processo di valorizzazione. Nel primo, l'operaio non tratta i mezzi di produzione come capitale, l'operaio *consuma* i mezzi di produzione come materiale della sua attività produttiva; nel secondo, « non è più l'operaio che adopera i mezzi di produzione, ma sono i mezzi di produzione che adoperano l'operaio », è il capitale dunque che *consuma* la forza-lavoro. E' vero che già nel processo lavorativo il capitale si sviluppa in *comando sul lavoro*, sulla forza-lavoro e quindi sull'operaio; ma solo nel processo di valorizzazione si sviluppa in quel *rapporto di coercizione*, che forza la classe operaia al plusvaloro, e quindi alla produzione del plusvalore

図10　『クァーデルニ・ロッシ』第二号、一九六二年。この機関誌は一九六一年にラニェーロ・パンツィエーリによって創刊された。わずか六号しか続かず、一九六五年に廃刊となった。中心テーマは資本制の労働組織と、労働者が自律することの可能性である。第二号は一九六二年に発行され、その巻頭はマリオ・トロンティの重要な論文「工場と社会La fabbrica e la società」である。トロンティはその論文において、生産を資本主義文明の中心部分と見なしてその役割を理論化した。トロンティは、生産はもはや工場に限定された経済サイクルの一部ではなく、社会的関係のすべての領域に浸透する資本制の本質的な形式と考えていた。

おいて生産プロセスは資本にすぎないもの、すなわち労働を価値に変換するにすぎないものと見なされる。トロンティは、こうして資本の権力のおもな原理は「生きる労働」（労働者の協業、価値をつくる生産力）を「死んだ労働」（価値そのもの）と合成する能力であると考えた。この場合について、トロンティは次のように記している。

> 資本制は、商品の生産プロセスと価値の生成プロセスとの統合を自らの方法で特定する。この統合を進めるほど資本は発展し、また発展するほど生産の資本制の構造が社会のあらゆる領域を獲得し、社会諸関係の全ネットワークを浸食する。[*6]

資本の側の観点では、生産プロセスと価値の生成プロセスは厳格に並行するものであり、また相互に補完するが、労働者階級の視座において、このふたつのプロセスは統合するときにはっきりと峻別される。したがって、労働者の自律とは「究極的には相反するふたつのプロセスとして、ひとつのプロセスをもう一方に対置するまでに」[*7]、労働のプロセス（労働者自身）と価値の形成プロセス（資本）を区別することの実現可能性である。このことは、資本が自らの価値を創造する積極的なプロセスに対抗して、労働者自らの価値をつくりだす消極的なプロセスを意味する。労働者の消極的プロセスとは、非労働的であろうとする意志、仕事を拒否する労働者の意志であり、すなわち「資本の制度の核心に位置しながら資本制を解体する具体的な手段」[*8]であろうとする意志である。

トロンティによると、資本はその潜在的状況における労働対価ではなく、すでに遂行された労働対価、すなわち、完遂した労働に応じた賃金労働によって労働力の価値を変換した。いいかえると、資本が支払うのは資本制度内部の価値として資本を維持するパフォーマンス《遂行能力》である。資本制による根本的なごまかし《ミスティフィケーション》は、生産システムがより新しい生産システムに移行するほど、そのシステムはすでに支払われた労働の部分とまだ支払われていない労働の部分の区別を曖昧にする事実を隠している、ということである。トロンティによると、この曖昧さが賃金労働の概念そのものとなった。ここには、労働者階級を支配するためのもっとも強力にまとめる方法、すなわちこの階級に課す概念によって、この階級を資本の基盤からシステム内部の単なる変数に事実上変換する方法が存在する。このことを理由にして、トロンティはパンツィエーリが提唱したように、搾取のモーメント《契機》としての流通と消費という考えを超えること、そしてマルクスが主張したように生産に戻ること、すなわち単なる工場内部で起こる生産プロセスとしてではなく、工場から社会生活全体に、外へ向かって拡大するプロセスとして理解された労働者階級の資本との関係における本質的なモーメント《契機》としての生産に戻ることを提唱した。

　これまで述べたように、パンツィエーリにとって生産はそれ自体で有形財の生産までに単純化できないものであった。生産は、労働力を生産的にさせるために必要な社会関係の組織で成り立っている。トロンティはこの理念から出発して、資本制の生産は流通、交換、消費、そしてこれらのモーメント《契機》の間の関係すべてを定めるときに、つねに自らを超えていく傾向があると主張した。生産は、そのすべてがブルジョワ的な曖昧さ《ミスティフィケーション》をともなうにもかかわらず社会の構造である。社会はひとつの工場なのだ。

トロンティは次のように記している。

> 資本制的発展が進むことは、関係する剰余の生産そのものが拡大することを意味する。そしてそのことによって生産–流通–消費という資本主義のサイクルがひとつになる。このとき、ブルジョワ社会と資本制的生産の関係、社会と工場の関係、社会と国家の関係は有機的になる。資本制的発展の最高水準においては、社会関係は生産プロセスの一モーメント《契機》となる。このことはすなわち、全社会が工場の機能によって活動し、工場はその支配圏を社会総体に拡張することを意味する。[*9]

工場の概念が無限に拡大するというシナリオにより、工場は実質的な場として消滅した。これから述べるように、工場はアルキズームのノー・ストップ・シティ〈3〉の前提となる概念である。「社会全体が事実上ひとつの工場にまで還元するときに工場そのものは消滅に向かう。この素地の上に、非常に高い水準でブルジョワ・イデオロギーの変性プロセス全体が結末にたどりつく」[*10]。このプロセスがはじめて現れて概念化された景観は、二〇世紀初頭の資本制の大都市だった。初期の大都市《メトロポリス》は、郊外と対立するコンパクトで密集した創成物だったが、後にそれはひとつの領域以上となった。後期マルクス主義と呼ばれる当時のマルクス主義者の多くは、この新しい大都市–周辺領域の景観の特徴を消費のエデンの園として読んでいたが、トロンティとオペライスタたちはその景観が生産に不可欠で生産を投影するものであり、生産の社会的手段であると見なしていた。この解釈は、生産は社会の基本原理であるというマルクスの主張を厳格に回復する文脈においてのみ可能だった。この生産の原理から、トロンティは自律性の構想《プロジェクト》を確立した。

この文脈において、労働者の主体性は資本制のひとつの勢力として客体化されたが、その一方で産業の発展は資本の姿を体現した。単なる商品としての労働力という資本主義的観点にもとづいて、目的は生産手段で節約すること、より少ない原料《コモディティ》から多くの商品《コモディティ》を生産することである。それはパンツィエーリがすでに指摘したように、資本制的発展によって労働時間を延長しながら、労働者数を縮小することにつねに取り組むという戦略だった。トロンティは、労働者はこのことを前提にして自分たちの闘争形式を見つけるべきだと考えた。資本家たちがより少ないものからより多くのものを獲得しようとするならば、労働者たちはより多くのもの、より多くの金のためにより少ないもの、すなわち、より少ない労働を提供することを目的とすべきである。トロンティは、労働者が政治的なものの自律性に向かうときに、この闘争形式によって資本制的発展のプロセスを転覆させる可能性が起きると考えていた。

> 労働者階級の闘争は、資本にその支配形態を変えさせようとする。このことは、労働者階級の圧力によって資本制の内部構成を変えられることを意味する。この点で労働者階級は、資本制的発展の本質的要素として資本制度の内部に介入するのだ。[*11]

ここで、きたる数年後にトロンティの理論研究の中心となるもの、政治的なものの自律性がはじめて明らかになった。トロンティにとって、自律性は闘争文化だけでなく交渉技術を暗に意味するものだった。政治的交渉は、資本と労働者の間の制度化した闘争を規定するものである。したがってその交渉は、中立的ではなく敵対するふたつの勢力関係によって構成される地盤で行われた。労働者の権限は、単に資本制に抵抗するという本来的な能力に準拠できなかっただけではない。労働者はまた、交渉機関の統制を要請しなければならず、そうするために彼らはブルジョワジー《資本家階級》と同じ政治的な基盤、つまり、たとえば共産党のような政党を占めなければならなかった。というのは、トロンティが述べたように「資本制社会の空のもと、ブルジョワジーの政治的な基盤が永遠であり続けることはどこにも書かれていない」からだ。[*12] しかしながら、資本の側の組織との直接交渉の機会をとらえるために、労働者たちはもっとも徹底した方法で、労働者階級という形式によって自らの姿を発見しなければならなかった。それはすなわち、資本制の発展において危機という政治的プロジェクト《企図》を構想することである。

　最後に、トロンティは著書『労働者と資本 *Operai e capitale*, 1966』[〈4〉、図11、12] において主役の二人、すなわち労働者と資本を絶対的に敵対するふたつの極として明確に対置した。この闘いにおいて、労働者階級が自律するための決定的な政治的要素は労働問題だった。マルクスが主張し、そしてトロンティが引用したように「私的所有の本質は、支配された人間の、真なる人間によるものの、その本質は労働である」[*13]。資本家たちがつくりあげた私的所有の概念は、労働者から搾取した労働を投影したものにすぎない。このことを理由にして、トロンティが述べたように「アダム・スミス Adam

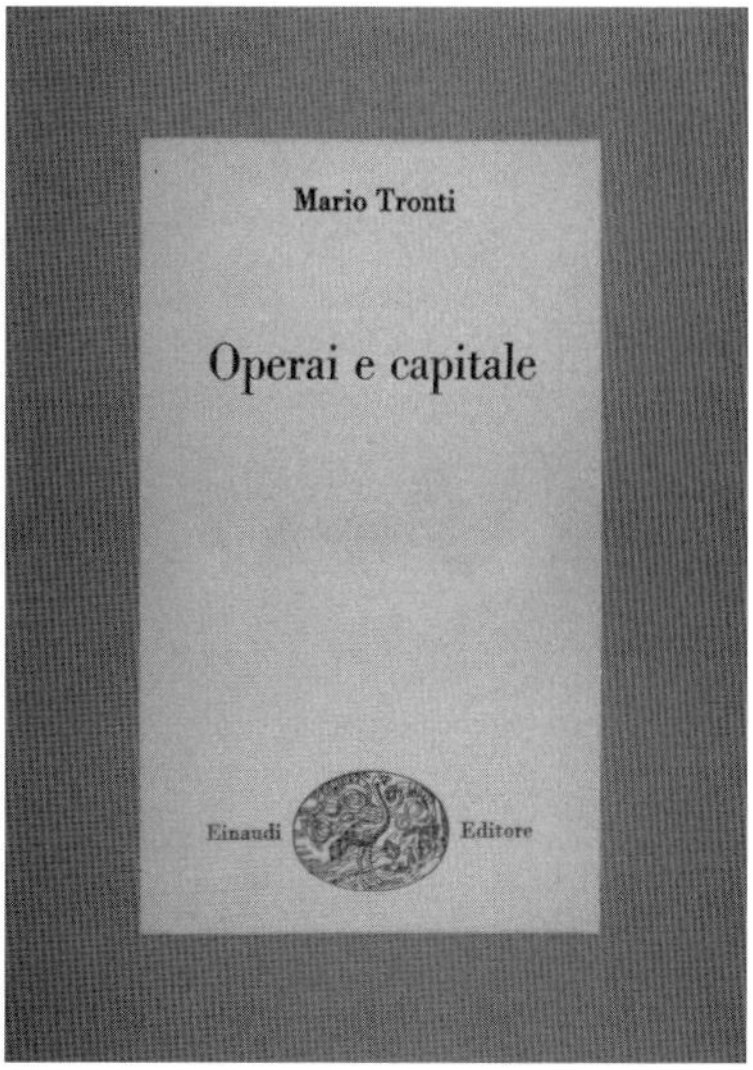

図11、12　マリオ・トロンティの『労働者と資本』（一九六六年）はオペライズモ運動の重要な書籍で、一九七〇年代のアウトノミア運動のおもな原典である。『クラッセ・オペライア』が存在していた時期の終わりに刊行された。そのころはトロンティが、この機関誌の政治的な経験が現実の政治的行為者となるよりはむしろ、周縁的な前衛運動を主導するおそれがあると考えた時期であった。トロンティはこの本において『クァーデルニ・ロッシ』と『クラッセ・オペライア』に寄稿した論文を再掲し、彼の研究の中心テーマである論文「マルクス、労働力、労働者階級」を新しい項として追加した。この書籍は三部からなる。第一部は社会主義思想誌『モンドペライオ *Mondoperaio*（世界労働者）』と『クァーデルニ・ロッシ』に発表した論説を含み、マルクス主義を超えてマルクスを再発見すること、資本制の生産空間における社会の統合プロセスを扱う。第二部は『クラッセ・オペライア』に発表した挑発的な文章を含み、新しい労働者階級の政治的組織についての課題を扱う。第三部はマルクスが理論化した労働者階級、ひとつの労働力としての労働者階級の権力の性質、自らの利益をともなう自律した階級としての労働者階級の政治上の性質との関係を中心としている。ここで自律性の概念は、そのもっとも過激な結論にたどりつく。労働者階級は権力を奪取するために資本を拒否するのではなく、資本のもっとも本質的な前提である労働そのものを拒否すべきである。一九七一年の改定版では、トロンティはアメリカの労働者階級の闘争に関するセクションを加えた。彼は、アメリカの労働者階級はイデオロギーが欠如しているために、ヨーロッパのカウンターパート以上に進化していると考えた。トロンティはオペライズモの後、労働者階級の政治性に関する研究でいっそう急進的になり、一九七二年に行ったセミナーにもとづいて、論点を著作『政治的なものの自律性について *Sull'autonomia del politico*』（一九七七年）にまとめた。

Smith (1723-90) 以来、経済はその発展の基本原理として労働を選んできた。したがって、労働は経済の絶対尺度であり、すなわち、経済そのものを抽象化したものである」[14]。この基本原理に対してマルクスは、ヘーゲルの政治用語にある労働力の概念を書きなおし、労働を抽象的なカテゴリーとしてではなく、労働者から搾取された主体的な力としてとらえた。経済学者たちが生産経費として特定するものは、労働そのものに対する生産経費ではなく、労働者を潜在的労働力がある状態に維持するための経費である。労働《work》と労働力《labor force》の違いは、労働者は労働《work》の生産者として自らの主体性をもたないものの、労働力の一部として主体性をもつという事実に帰着する。したがってトロンティは、もはや労働について語ることができなくなり、単に労働力についてのみ語ることができると考えた。この後者の概念は労働《work》に対する、すなわち資本に対する労働者の自律した主体的な勢力に具体化した。「労働力《labor》としての労働は、すでにヘーゲルにあった」とトロンティは記す。「商品としての労働力もすでにリカードにあった。労働者階級としての労働力商品、これこそがマルクスの発見である」[15]。

　理論的基盤としてのマルクス、労働者の実質としての労働力、政治的主体としての労働者階級。この一連の概念は、トロンティが発見した労働者の自律性の特質をなすものである。トロンティは、マルクスを再発見することはマルクスの伝統を延長することを意味するのではなく、資本制に対するマルクスの本来的な敵意を再構築することであると考えた。すなわち、資本の価値創造のプロセスの前提として労働者階級が必要であり、したがってそれは資本の究極の脅威であるという考えである。この概念において、労働者階級の政治的な目的は、単純に労働の拒否となった。

労働者階級、その存在、組織、そして展開というこの概念は、労働者階級自身が労働を拒否するための、すなわち資本制を拒否するための戦略となる。トロンティは、拒否という戦略は労働者階級の主体性の本質になると考えた。労働者階級の強みは、労働に対して建設的で積極的であることではなく、労働する状態を拒否することで具体化する。いいかえると、それは執拗に破壊的な否定性によって、労働が賃金労働に変換されることに対し譲歩しないという事実上の示威行動によって具体化するのだ。したがって、労働《work》の拒否は政治的集団としての労働者階級の効力を知るリトマス試験紙となり、資本制的生産の発展において、その役割以上に潜在的には非常に効果的だった。トロンティによると、労働者たちが拒否するときに、資本が進展する兆候としての労働者たちの自発的な隷属状態ではなく、資本制に対する矛盾の宿命的要因としての彼らのアイデンティティにより、資本制の発展はその出発点を見つけるために必要とされたのだ。トロンティは、資本の搾取について政治的主体性の概念を完全に転覆させるものとして、このまさにコペルニクス的な転回を構想したのだ。トロンティは、労働者階級の勢力が、現状に対する抵抗と改革というカテゴリーに準じてこの点まで評価されるならば、労働者が拒否するときに、すなわち資本になること、単なる労働力になるような企図に彼らが消極的、非協力的であるときに、資本制的発展からの政治的解放と徹底した自律性の隠れた核心部分が現れると考えた。

　こうしてトロンティは、資本制という前提と資本制の労働神話から労働者を解放する必要があると信じた。この解放のプロセスは、労働者階級を労働のための階級としてではなく、その集合体そのものの階級として考えることであり、既往の思想の破壊のみによって獲得されるものである。トロンティは次のように断言する。「理性、歴史」、「これらの巨大な神性は戦われ破壊されるべきである」[*16]。しかしその破壊の任務は、ある敵に対して「盲目的」に戦う何者かによる自発的な破壊ではない。それは新種の階級闘争という高次の二重性 Doppelcharakter〈5〉を担うものである。「理論の再構築と実践的な破壊は、この瞬間からひとつの身体の両脚のようにともに走るしかないのだ」[*17]。したがって、共同社会に対する労働者階級の無政府主義的な姿勢は、自らの破壊を意味するのではない。それは順応と改善ではなく拒否と自律性によって、圧力からの解放と実行の権限を獲得するという、現実に即した理論的で戦略的な構想を意味した。トロンティは『労働者と資本』の結びで次のように記している。

「拒否という戦略を達成するための組織化という戦術。従属するまでに資本を抑え込むために、労働者たちは組織化と拒否の間に武器を差し込まなければならない。この武器は、資本主義社会の全システムにおいて自らに不可欠である調停すらも拒否するための労働者による威嚇に相当する。この理論にしたがうと、労働者たちの党の課題は次のとおりである。すなわち、資本制の要求に応じないことであり、たとえそれが労働者の要請という形であっても応じないことである。資本家たちに、客観的に必要とするものを示すよう要請して、それらを主観的に拒否することである。ボスたちが労働者たちに対して次のことを依頼するように、彼らに強要することである。アクティヴに、つまり組織してボスたちにノーと返答するよう、労働者たちに頼むことである」[*18、図13]。

図13　契約更新に関する討論集会に出席した労働者たち、IBM工場、ヴィメルカーテ、イタリア、一九六九年。オペライスタの闘士たちは、賃金問題と生産コストに依存しないことが資本制に対抗する政治的な最終兵器であると考えていた。オペライスタたちは、資本制が蓄積の不当なプロセスであるだけでなく、広く拡散していく労働組織そのものを通して確立した政治的な統制の制度であると考えていた。労働者たちの資本に対する究極の政治的取組みは、より少ない労働に対してより多くの給料を支払うよう求めることだった。photo : Silvestro Loconsolo. Courtesy Silvestro Loconsolo.

＊1 "Il piano del capitale［資本の計画］"の初出は*Quaderni rossi* 2［クァーデルニ・ロッシ］(1963), pp.44-73。Mario Tronti, *Operai e capitale*［労働者と資本］(Turin, Einaudi, 1966), pp.60-85に再掲。

＊2 Ibid., p.66.

＊3 "Lenin in Inghilterra［イングランドのレーニン］"の初出は*Classe Operaia* 1 (1964), pp.1, 18-20で発表され、*Operai e capitale*, pp.89-95に再掲。

＊4 Ibid., p.89

＊5 Mario Tronti, "La fabbrica e la società［工場と社会］"の初出は*Quaderni rossi* 2［クァーデルニ・ロッシ］(1962), pp.1-31。*Operai e capitale*, pp.39-59に再掲

＊6 Ibid., p.39.

＊7 Ibid., p.39.

＊8 Ibid., p.39.

＊9 Ibid., p.51.

＊10 Ibid., p.53.

＊11 Ibid., p.47.

＊12 Ibid., p.47.

＊13 Mario Tronti, "Forza-lavoro classe operaia［勢力—労働　労働者階級］", in *Operai e capitale*, p.128.

＊14 Ibid., p.127.

＊15 Ibid., p.128.

＊16 Ibid., p.245.

＊17 Ibid., p.242.

＊18 Ibid., p.262.

トロンティとカッチャーリ：政治的なものの自律性と否定的思考

アウトノミア・グループは、一九六〇年代終わりから一九七〇年代にかけて、拒否と自律性によって解放と権限を獲得するという戦略を文字どおり採用した。アントニオ・ネグリに影響されて、拒否は自律した労働者組織が用いる戦術から、多くの場合に拒否そのものを目的として実行されるアナーキーで個人主義的な破壊行為に変わっていった。マリオ・トロンティが主張するスキームは労働者闘争を第一に、そして資本制的発展を第二に重視したものである。そのスキームは、資本組織のいかなる変質に対しても機械的に採用され、先進的資本制に対する究極の挑戦として一九七〇年代の労働者階級運動の政治的危機を見るまでになった。ネグリによると、資本制が流れ作業を再構築する状況において、大衆労働者はソーシャルワーカーとなった。「労働者階級」が政治的に強力な主体であるならば、「ソーシャルワーカー」は政治に無関心な中産階級がプロレタリアになる兆しである。トロンティは脱政治化が加速するというこのシナリオに反対した。彼は、高次の資本制にある政治的な潜在可能性から経済に対抗する戦略として理解される政治性へと関心を移した。しかしながら、トロンティはすでに『労働者と資本』において、労働者の拒否という戦略がもっとも急進的であると考えていた。それは政治的なものの自律性の究極の事例であり、資本制的生産に関する効果的な影響力として労働者たちを動員させる戦略である。

したがって、拒否という戦略は労働からのアナーキーな逃避ではなく、戦略の唯一の手段、労働者たちの政党の政治的戦略全体においてもっとも徹底した手段として理解されるべきである。トロンティは一九六六年末に『クラッセ・オペライア（労働者階級）』を廃刊し、同年に『労働者と資本』を刊行した。そしてその経験に続いて、今度はマルクスの登場の後に労働者階級に起こったことに注意を向けた。トロンティは、マルクス主義理論は資本制経済を徹底して批判したが、それ自体は政治の理論ではないという前提から議論を始め、そのマルクス主義理論に反対する視座から労働者階級の展開を分析した。彼は、否定によって労働者階級の歴史を構想すること、いいかえると労働者たちの圧力を牽制するために、資本制の政治的イニシアティヴ、そして結果的に国家について書かれた歴史に重点的に取り組んだ。「例外状態」があったまさにその時期、経済危機の間、あるいは労働者たちの要求が最高潮に達したときに、資本制は政治的なイニシアティヴをとらざるをえなくなり、その基本方針である経済的判断からある程度独立して行動することを強いられたのだ。めったにないものの決定的なこの時機において、そこで作用する政治性を純粋で自律した形式、資本とその敵対者の間の友／敵という闘争として見ることが可能だった。

一九七二年にノルベルト・ボッビオ〈1〉は、トリノの政治学科でセミナーを主催した。そのセミナーでトロンティは次のように述べている。「政治的なものの自律性は、政治研究に共通した表現である。しかしながら、それはマルクス主義研究の分野においては風変わりで新奇に聞こえる表現である」[*1]。喫緊の課題は、ある水準の自律性の段階を他の水準から分析するのではなく、経済的判断に関して政治的権限の自律性を簡潔に分析することである。マルクス主義の伝統は、政治の自律性に関するいかなる理論も拒否してきた。というのは、その理論は経済基盤を否定するからだ。トロンティによると、この理由のために「政治的なものの概念」は「新しい範疇《カテゴリー》」としてマルクス主義に導入されなければならなかった。この「新しい範疇《カテゴリー》」は、資本制においてブルジョワ階級が確立した制度、という客観的な基盤（たとえば政党など）、そして同時にその主体的機能、すなわち彼らの政治的行動の双方を含むものである。この構想の背景には、トロンティのカール・シュミット〈2〉の思想の核心との遭遇がある。彼が後年に書いたように、シュミットは、経済、そして経済の政治的重要性、つまり権力に対する自律した批判を行うためのイデオロギー批判の両方の分析を超えて、マルクス理論を徹底して政治化するために欠かせない存在だった。こうして彼は著書『政治性の黄昏 *La politica al tramont*』の章のひとつに「カール Karl Marx とカール Carl Schumidt」という表題を付したのだ。マルクスによる労働者階級の発見と、その発見の重要性を解明することなしにシュミットを読むことは不可能である。このことと同じように、シュミットによる闘争形式としての政治性の定義なくしてマルクスを読むことは不可能だった。[*2]

　しかしながら、シュミットによるブルジョワ権力すべてに対する厳しい批判とは対照的に、トロンティはただブルジョワの文化的、政治的基盤を徹底して利用することだけが、資本に対抗する現代的でより高次の企図《プロジェクト》を確立できることも事実だと考えていた。偉大なブルジョワ思想家たちがブルジョワ階級と資本制との関係において発見したこと、すなわち経済システム内部にある危機、つまり恐慌の役割と、そういった消極性《否定性》を自己再生産する原動力に体系的に変えていくことによって、厳格で目的論的な近代政治の基盤を崩壊させる資本制の潜在能力を構想することは必然だった。トロンティにとっては、このような資本制の能力は単なる原因と結果という経済メカニズムと同じではなかった。それは、ブルジョワ階級が確立した近代性についての非常に進歩的で洗練された文化的展望のなかで考え出された政治的原動力である。労働者たちに、毛沢東 Mao Ze-dong（1893-1976）の小さい赤本の代わりにムージル[3]の偉大なブルジョワ小説を読ませよう、とトロンティは提案した。いいかえると、ブルジョワ階級が貴族階級を倒すために用いた武器そのもの、すなわち資本が支配するための究極の方法である否定《消極性》の概念を今度は労働者たちに利用させよう、ということである。

この考え方は、当時非常に流行していたマルクス主義、そして社会主義闘争の世俗化からかけ離れていた。しかし、トロンティはこの視座を取り入れ、連続性と非連続性の対立という見地から資本と政治的なものの関係を再考した。連続性とはすなわち、資本制支配のもとでの経済成長であり、非連続性とは労働者闘争とそれに対する資本の返報である。トロンティが主張したように「経済的連続性と政治的非連続性は相互関係にある。これは資本の歴史である」[*3]。

トロンティはこの主張によって、最終的にはマルクス本人に対して批判的な態度をとることになった。トロンティの考えでは、マルクスは経済的選択と、労働者の圧力に対して自らの連続性を維持するために資本がとらざるをえなかった政治的な選択との関係を十分に理解するまでにいたらなかった。トロンティは古典的なマルクス経済学者の解釈に反対して、政治的意思決定の自律性はイデオロギー批判を行う高度な方法であると主張した。トロンティはこの「スキャンダラスな」方針で進めることによって、政治の自律性に関するほかの具体的なプロジェクトと同様に、資本もまた革命によって政治的に発展することに気づいた。資本は、連続的な経済危機と労働者が繰り返す脅迫を突きつけられながら、資本の歴史を通して経済的連続性に矛盾する政治的な特異性を身につけたのである。

トロンティがこの政治的特異性を示す重要な事例と考えるふたつの歴史的事件は、ひとつはローズヴェルト Franklin Delano Roosevelt（1882-1945）のニューディール政策〈4〉であり、もうひとつはケインズの経済理論〈5〉である。ケインズの経済理論は、資本制がこれまでに遭遇した最大の危機をアメリカ大統領が政治的に扱うときに、あきらかに多大な影響を与えた。ニューディールを背景にして、ブルジョワ文化は大恐慌の解決策が市場ではなく政治にあることを発見した。こうしてトロンティは、一九七一年に刊行された『労働者と資本』の第二版において、労働者の拒否という戦略の議論ではなく拒否の相手方の議論、すなわち一九三〇年代のローズヴェルト政権下の資本制の政治的発展について述べ締めくくった。その結論は、当時もっとも進んだ形の労働者闘争、すなわちアメリカの労働者階級運動に対するもっとも進歩的な回答として理解されるものだった。トロンティによると、アメリカの労働者闘争はヨーロッパのそれとは異なり、革命ではなく実際的で、しかし政治的には重大なふたつの主題、すなわち昇給と労働時間の縮小に集中した。トロンティが記したように、「このことを理由として、アメリカにおける労働者階級闘争は私たちのそれよりもずっと重大である。彼らは私たちほどイデオロギー的ではないのに、より多くのことを達成したのだ[*4]」。トロンティにとっては、アメリカの資本制は経済理論においてはるかに進んでいたイギリスの資本制と異なり、また哲学などの人文的思考において、はるかに進んでいたドイツの資本制とも異なっていた。それは、労働者闘争を組織的に解決するという非常に稀ながら決定的な契機《モーメント》において、ずっと先鋭的で進んでいた。

このことによって、労働者と資本の対立という政治性の核心部分が露呈された。トロンティにとって、労働者たちが政治性を展開させる次のステップは、もっとも持続的で明確な対立が革命に対するイデオロギー的な執着を超えて、労働者に対する資本の反革命主義的な返報すらも超えて拡大すると考えることだった。このことを理由として、トロンティは一九二九年の大恐慌後のアメリカの資本制がソヴィエト連邦において現実となった共産主義ではなく、一八六〇年から一九一三年の闘争の間に政治体制が形成されたときに、極端に現実主義的な姿勢をとったドイツ社会民主主義体制に類似していると考えた。トロンティによると、ドイツ社会民主主義と資本制国家の闘争において、徹底してイデオロギーが回避されたことによって、社会民主党体制は政治的にはそれほど魅力がなくとも非常に輝かしい発展を遂げた。社会民主党は、たとえ政治理論がなくとも、そしておそらく政治理論がないことによって、非常に現実的な方法で労働者闘争の内容をとりあげ、それを国家レヴェルの政治問題に直接翻訳できたのだ。こうして社会民主党は、ライヴァルと妥協するという戦術的な態度を意識的にとり、マルクスのイデオロギー批判を超えていく方法で党の政策を定めた。トロンティにとってこの態度は、自律した政治的意思決定がもっとも高度であり、またもっとも効果的であることを逆説的に示すものであり、それは労働者運動に強い影響を与えただけでなく、労働者と資本家との対立が制度化された国家にも影響を及ぼした。

ハイパー・レーニン主義のトロンティは突然、物議をかもすように、ドイツ社会民主党は自律した政治の模範であると主張した。レーニンが社会民主党の政策のプチ・ブルジョワ的なリアリズムを軽蔑したことはよく知られているが、トロンティはその考えを取り入れることの矛盾は問題ではないと感じていた。というのは、彼がその直後に主張したように、レーニンのボルシェヴィキ革命はドイツ社会民主党の極端なリアリズムが示す進歩的な政治思想の延長にすぎないからである。この党が試行するなかで、ブルジョワの政治は労働者階級の政治としてつくり直された。トロンティは、ドイツの労働者階級の政治に立ち戻ることによって、そしてその階級の政治的自律性を明らかにすることによって、近代史における労働者階級の改革をもたらす役割を示そうとした。

『クァーデルニ・ロッシ』の理論的な寄稿が技術的発展に対する批判としての自律性の概念に重点をおき、また『クラッセ・オペライア』は労働者のイニシアティヴのある形として自律性をとりあげたが、トロンティは政治的なものの自律性に関するその後の考察で、オペライスタのアプローチを国家制度のレヴェルに転向して、自由主義的資本主義に対抗するマルクス主義‐共産主義の「代替案」を唱えた。トロンティのこの仮説をめぐって、オペライズモ運動の最後の政治誌である『コントロピアーノ *Contropiano*（反計画学）[6]』が創刊された。[図14]『コントロピアーノ』は、資本に代わる権力の構築に捧げたプロジェクトとして労働者階級の自律へ向かったオペライズモの道筋の結論を示している。一九六八年にアゾール・ローザ、カッチャーリ、そして

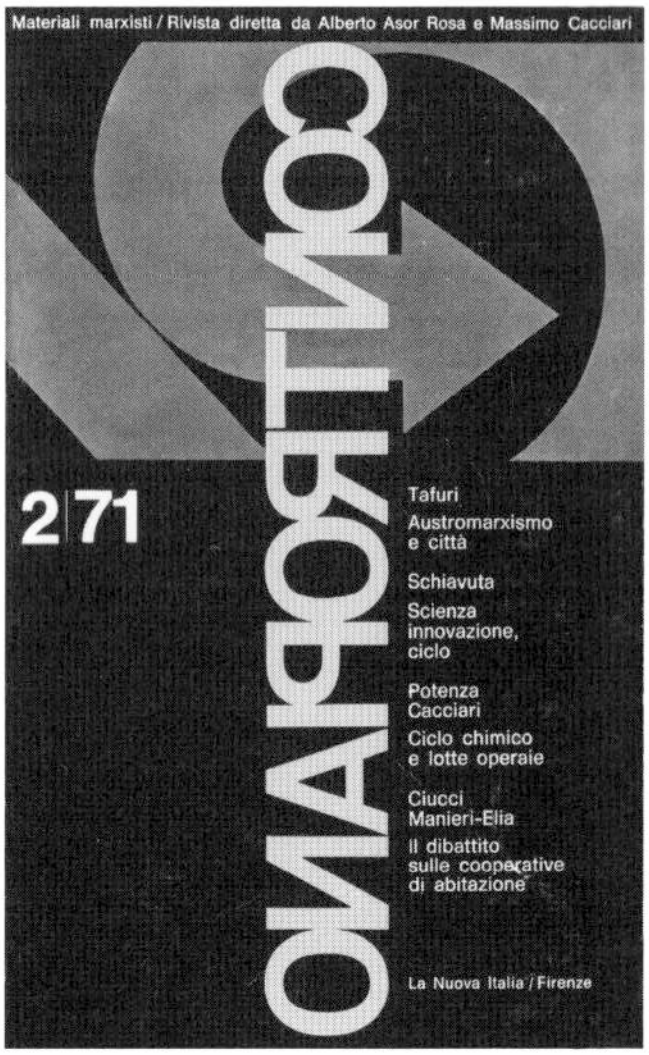

図14　『コントロピアーノ』第二号、一九七一年。一九六八年にアルベルト・アゾール・ローザ、マッシモ・カッチャーリ、アントニオ・ネグリが創刊し一九七一年まで刊行された。ネグリは創刊号の後に本誌を去った。本誌は、オペライズモの理論的軌跡を完結させた。それは『クラッセ・オペライア』と異なり、政治への直接的な介入よりも理論を重点的に取り扱っていた。もっとも重要な寄稿論文はもちろん、カッチャーリの「否定的思考の起源について Sulla genesi del pensiero negativo」であり、イデオロギー体系の系譜学だった。このイデオロギー上の仕組みによって、ブルジョワ階級は資本主義の文化的、政治的な危機を吸収、内在化するのである。建築と都市はこの政治誌のなかで政治的分析の分野として扱われ、IUAVつまりヴェネツィア建築大学で新しく創設された歴史研究院のメンバーの寄稿で示された。マンフレッド・タフーリによる「オーストリア・マルクス主義」のイデオロギーと、第一次世界大戦後のウィーンの社会主義住宅において読みとれる政治的なものとの関係性の分析は、本誌の建築に関する主題と関心を例証した。

ネグリが創刊した『コントロピアーノ』の理論的、歴史的考察は、資本制的発展、労働者階級の歴史と実践、政治機関そして文化との関係性を対象としていた。

　しかしながら『コントロピアーノ』が、労働者階級運動と共産党のような政党としての政治機関との関係性に重点をおいたために、ネグリはグループに異議を唱え、創刊号の後にこの政治誌から離れた。トロンティは、労働者の政治性を目的として共産党を手段化させることに関して、政治誌への最初の寄稿において政治的なものの自律性という理念を総合的に扱ったが、ネグリはトロンティのその主張に賛成しなかった。[*5] ネグリによる自律性の概念は、もともとはトロンティの主張に直接由来したが、二人の主張は『クラッセ・オペライア』以降はいっそう離れていった。両者の主張の違いは、とくに労働者の自律という政治性に集中していた。

この違いをさらに理解するために、一九六四年に刊行された『クラッセ・オペライア』誌上のもっとも重要な二本の論説、トロンティの「イングランドにおけるレーニン」とネグリの「同盟しない労働者たち Operai senza alleati」[*6]に戻ろう。トロンティは、まったく異なると同時に相互に関係するふたつの政治行動のレヴェル、すなわち戦術と戦略に関する労働者たちの政治的自律性の問題を明らかにした。これまで見てきたように、労働者たちによる自律を求めた革命は戦略のレヴェルにおいて目標にとどまっていた。しかしトロンティは、党の政策は最終的に労働者たちに権力獲得の機会を与えることであると認識して、それを戦術のレヴェルにおいて手段にすることを目的とした。彼は、他の機関と同じように、共産党機関が「新しい戦略のための古い戦術」[*7]として、労働者によって再び占有される余地があると信じていた。他方でネグリは、労働者たちは仲間以外とは同盟しないと考えていた。したがって、ネグリによる労働者の拒否の概念はいかなる政治的統合のプロセスにも、そして何よりも共産党内部での統合のプロセスと相容れることはなかった。しかしながら、トロンティは、党の枠外においては彼が主張する政治的究極主義を構想しなかった。党が自らの方針に反して労働者たちに妥協するまでに、労働者たちが党の内部にいながらにしてそれに対抗することは、オペライスタの哲学の核心をなすものである。

最近になってトロンティは『クラッセ・オペライア』と『コントロピアーノ』の周辺グループが共産党の外で活動する急進的な精鋭《エリート》であり、しかしやがて党を乗っ取り、党そのものをより過激な立場に方向づけるだろうと考えていたことを認めている。[*8]そして、この究極の戦略に則して『コントロピアーノ』のプロジェクト《企図》が展開するはずだった。いいかえると『コントロピアーノ』が問題としていたことは、急進的な政治階級文化の発展であり、その階級文化は差し迫った革命を当然のことと見なす代わりに、資本に対して長期的で現実的な対抗案を選んだ。ところで、この差し迫った革命とは一九六八年五月の革命であり、この政治誌の創刊号はこの革命直前に刊行された。『コントロピアーノ』の寄稿者たちは、単に政治的介入だけではなく、とくに文化的、理論的な考察による対抗案を構想した。こうして政治誌は哲学、建築そして都市計画という様々な分野にわたる理論的考察を行うことによって、そしてブルジョワ階級思想史に代わる歴史の創造を目指した多角的な再建プロジェクトによってその編集方針を定め実行に移した。その取組みは、労働者運動の実現可能な文化的武器として考えられた。このプロジェクト《企図》のなかでもっとも重要なものは、とくにトロンティが主張する政治的なものの自律性という哲学的、理論的背景で考えた場合、マッシモ・カッチャーリの「否定的思考の起源について Sulla genesi del pensiero negativo」[*9]であることは疑いの余地がない。

この論文は、ワイマール共和国の左翼組織についてのカッチャーリの省察を前提としている。一九一七年から一九二一年の間のワイマール・ドイツにおいて労働者は政治的に敗北した。資本制は政治的な利益のために危機を利用したのだが、ヴェネツィアの哲学者は、共産党や社会民主党のような労働者たちの組織体制が、そのような資本による危機の生産的利用について理論的にも実践的にも理解できず、そのことが労働者たちの敗北のおもな原因であると論じた。カッチャーリはトロンティの主張にならって、ブルジョワ階級が資本の政治的権力を統制できるのは危機を手段とすることによってであり、法制度によってではないと考えていた。この政治性のコントロールは、カッチャーリの「否定的思考」[7]を形成する理論となる。否定的思考は、カッチャーリが後期資本主義の思考形式として理解したように、究極的にはショーペンハウワー Arthur Schopenhauer（1788-1860）、キルケゴール Søren Aabye Kierkegaard（1813-55）とニーチェ[8]の哲学に由来する。それはふたつの否定を起源とする。ひとつは、世界に自我、個人の感性を解放し、主観を投影すると理解されるロマン主義による、一七世紀以来の古典主義、理性偏重の合理主義の否定である。そしてもうひとつは、歴史の内在的側面にある矛盾を解決して対立者を完全に統合すると理解される弁証法[9]による、（矛盾あるいは否定）の否定である。ロマン主義が矛盾と考えられていた言葉や行為などを錯覚させて称賛し、それらを個人の自律性として舞台にあげた一方で、弁証法は矛盾 contradiction と止揚 affirmation のプロセスを手段として、否定の行為を肯定的なものとして回復することの表明である。弁証法には連続的な転回 revolution のメカニズムとして矛盾を吸収する能力があるために、ついにはロマン主義のように究極の否定性までも取り込むのだ。カッチャーリは、この能力によってヘーゲルの弁証法はブルジョワ国家の理想的な政治的構造になると考えた。

ヘーゲルが主張する国家とは、その内部で社会的、政治的な矛盾すべてを解決しなければならない構造だった。カッチャーリは次のように記している。

芸術、宗教、主観的精神と客観的精神の決定、精神生活の現象学、こういった問題すべては、弁証法的なプロセスによってそのシステムの内部で実現する。しかしそれ以上に重要なことは、歴史そのものがそのすべての様態《モード》（伝統、連続性、進化）において、弁証法的プロセスによって内在的概念の分析の主題にされることである。こうして歴史は、理論と実践を機能的に統合する実体そのものになり、新しい人間関係をつくるために、いかなる特徴も、いかなる目的論的、主体的な要求も失ってしまったのだ。[*10]

弁証法はブルジョワ国家の政治を確立するための基盤だった。ブルジョワ国家は自らが唯一最高位の歴史的統合であり、また唯一想定できる価値の全集合であると考えていた。しかし資本制が発達し、またその内部で出現したプロレタリアートの脅威が強まると、それは対立者であるプロレタリアートを超えられない存在という受身の姿勢をとることになり、このことによってその対立者と対話することを選んだ。したがってカッチャーリによると、否定的思考は内部から弁証法に挑み、ブルジョワ的資本主義の不朽の権力を左右する構造そのものに対して挑む企てだった。この否定的思考によって、ブルジョワ的価値観と資本制の騒々しい革命――その結果、見せかけの、あるいはそれらしく確立されたいかなる価値も破壊された――の内部対立である否定性は、文化《思考様式》の機動力そのものに転化し、最終的にその文化《思考様式》は資本をその深い理念《動機causes》を内在させることによって支配できるようになった。

カッチャーリは、この否定の概念のプロセスの頂点を示すものは、力への意志というニーチェの過激な思想〈10〉とマックス・ヴェーバーによる脱呪術化の観念〈11〉であると考えていた。ヘーゲルが唱えた対立者を弁証論的に統合する意志は、ニーチェの思想とあわせることで、力への意志という不均衡な力、存在そのものを形成する力におきかえられた。世界を形成するときに、力への意志は自らを正当化するためにいかなる普遍的概念をも取り込むことはなかった。それどころか、いかなる価値観、美学観、倫理観、宗教観も完全に拒否したのだ。資本は永続的に不安定な状態をもたらしたが、否定的思考は最高位のブルジョワ・イデオロギーとして、その不安定な状態を受け入れる基盤を用意した。資本制の覇権に対するブルジョワ階級の呪術からの解放はヴェーバーの思想とともに、ブルジョワ階級の唯一可能な政治的権力として構想された。ヴェーバーは、ニーチェの力への意志が資本制的発展の鉄檻《脱出不可能な檻》の内部で全統合されるブルジョワ階級の運命を究極的に容認すると解釈した。

　しかしカッチャーリは、容認というこの脱呪術化した状態はブルジョワ階級のイデオロギー的優位性を成り立たせると考えた。こうして、資本制内部にブルジョワ階級の権力のこの優位性を浸透させるために、否定的思考方法を取り入れることは重要だった。カッチャーリは次のように記している。「ただニーチェとヴェーバーを一緒に読むことによって、資本が到達した現在の歴史的水準において、イデオロギーが機能する唯一可能な条件として、いかにして悲劇的な否定性が肯定的なものになるのかをようやく発見するのだ*11」。カッチャーリの考えでは、資本制の原動力としてのブルジョワ・イデオロギーをこのように実存主義的に、文化的に理解することによって、資本のプロセスが不可逆的であると正しく理解できるのだ。したがって、ブルジョワ・イデオロギーのこの転換は、資本制的発展を政治的に支配するための必要条件だった。

したがって、カッチャーリとトロンティにとって、労働者階級が自律する唯一の可能性はブルジョワ的な否定の思考方法を取り入れることであり、この遺産に対して左翼文化が抱く倫理的抵抗、イデオロギー的抵抗、そして文化的抵抗のすべてを超えることだった。トロンティはこの考えによって、『コントロピアーノ』で最初の論文「過激主義と修正主義 Estremisti e riformisti」を発表し、修正主義の政治的姿勢と過激主義の政治的姿勢のどちらも、資本制を否定する方法に関わる労働者階級運動の武器になりえないと主張した。というのは、その否定の方法にはすべての危機を自らの構造内部に吸収して、ついには分解する能力があるからだ。労働者階級運動はむしろ、ひとつの決定的な条件において発展するとする資本制を受け入れなければならなかった。その条件とはすなわち、この階級が最終的に自らを超える権力の意志を身につけることである。もし資本が発展を意味するならば、労働者階級（生産者の階級）は権力を与えられるべきである。トロンティは次のように記している。

私たちは、資本だけが労働者階級を必要とするのではなく、労働者階級もまた資本を必要とするという原理を勇気をもって引き受けなければならない。労働者たちが、自分たちの政治性を成熟させるために資本を必要とするだけではなく、一般社会もまた自らの発展のために資本を必要とするのだ。資本が近代の発展形式《構造form》ならば、労働者階級は近代の権力形式《構造form》である。この必然的帰結は、労働者闘争の新しい条件になるべきだ。[*12]

この主張によって、自己組織化の可能性を見込む対抗的な文化を構築することが重要となった。こうして『コントロピアーノ』の構想は、政治に対する経済批評を中心に据えたのではなく、反対に経済に対する政治批評を中心に据えて、歴史的発展の第一の決定要素として断固たる態度で経済を引き受けたのだ。いまや、あるひとつの権力理論のためのイデオロギー批判の主張を放棄する時期であり、政治だけでなく哲学、そしてとくに建築と都市のレヴェルでの文化に焦点をあわせたイデオロギー批判を重視する時期だった。

この展望が、マンフレッド・タフーリの周囲の建築史家たちがグループを結成する動機となったのである。グループは、一九六八年に歴史研究院を設立したヴェネツィア建築大学において一九六九年に始まった。タフーリの影響力のある論文「建築イデオロギー批判 Per una critica dell'ideologia architettonica」[*13]は、歴史研究院の方法論の青写真として考えられ、カッチャーリの否定的思考に関する論文が発表された同じ号に掲載された。タフーリのその論文は、まさに『コントロピアーノ』が超えようとすること、すなわちイデオロギー批判と密接に結びついていた。トロンティ、カッチャーリそしてアゾール・ローザは、イデオロギー批判は政治的行為のための前提にすぎないものであり、それを結論づけるものではないと考えていた。彼らにとっての結論は、その雑誌のタイトルによってすでに提案していること、すなわち反計画学であり、それは批評ではなく理論で取り組まれるべきだった。オペライスタがイデオロギー批判を実践して学んだことは、資本主義者、そして場合によってはマルクス主義者が理論にした資本制的発展の方法をいかにして解明するかということである。彼らの大きな発見は、資本を著しく発展させたものはその連続性ではなく、断続性であるという事実である。資本制には、最初は逆効果あるいは間接的な効果と考えられた否定性を吸収する能力がある。タフーリが述べたように、資本文化のポリティクス《政治性》はその理念《causes》を国際的に広めることでブルジョワ階級の不安を和らげた。[*14] しかしながら、この仕組みがひとたび発見されると、資本に対抗する文化は生産的かつ意識的にこの仕組みを利用する必要があり、たとえその用い方によって文化そのものが退行する限界が生じうるときもそうすべきだった。『資本制の批判的効果の利用についての理論』は、イデオロギー批判を補完するものである。

この考えにおいて、タフーリの建築イデオロギー批判と、トロンティとカッチャーリが取り組んだ政治的なものの自律性の企図との相違を見つけることができる。タフーリの論文「オーストリアのマルクス主義と都市：赤いウィーン Austromarxismo e città: Das rote Wien」[*15、〈12〉]はこの違いを例証している。タフーリは、一九六八年の著作『建築の理論と歴史 *Teorie e storia dell'architettura*』（ヴェネツィアに来て『コントロピアーノ』のサークルに深く関与する前に執筆した）で輪郭を描いたイデオロギー批判を応用しようとした『コントロピアーノ』への寄稿で、赤いウィーンについての入念な歴史論をつくりだした。彼は、社会民主主義体制のウィーン市当局による一九二〇年から三〇年までの新しい公営住宅の計画と建設の試みを分析し、このエピソードを「オーストリア・マルクス主義」[〈13〉]のイデオロギーという文脈で読解した。オーストリア・マルクス主義とは、オーストリアの政治思想家たちの運動であり、彼らはその社会主義的立場から、必然的な社会的発展の道程としてマルクス主義を民主政治と資本制の現実に再び対応させようとした。しかしタフーリの論文の目的は、ヒトラー政権のアンシュルス[14]（オーストリア併合）時代にナチズムに対抗した労働者階級の要塞として建設されたこの公営住宅の「イメージ」を超えることによって、たとえばオットー・バウワー Otto Bauer（1881-1938）、ルドルフ・ヒルフェルディング Rudolf Hiferding（1877-1941）、そしてマックス・アドラー Max Adler（1873-1937）のようなオーストリア・マルクス主義の政治思想家の思想と、ウィーン市当局の都市計画のイニシアティヴ、そして建築家たちが採用した特定の形態言語との錯綜した関係を解くことだった。建築家たちのなかには、赤いウィーン時代に典型的な公営住宅ブロック[15]にたずさわったペーター・ベーレンス[16]とカール・エーン[17]がいた。

　タフーリは、オーストリア・マルクス主義の特異な点は、その主唱者たち、運動家たちがマルクスの理論を社会的発展の法則の科学的理論として理解し、また社会主義を倫理的な行動規範として、すなわちイデオロギーとして理解し、そしてこのマルクス理論と社会主義を区別したことである、と述べて批判を始めた。タフーリは、オーストリア・マルクス主義者たちが政治に対してネオ・カント主義的なアプローチをとっていると主張した[18]。オーストリア・マルクス主義者たちにとっての政治とは、絶対的なふたつの極、すなわち必要性の領域（経済の「自然な《現実的》」条件）、そして義務の領域（社会主義に向かう集団的意志）を取り次ぐ行為である。オーストリア・マルクス主義者は、社会主義を「資本制的秩序という客観性に直接対抗する道徳的理想」と考えていた。[*16] タフーリの考えでは、真の革命を起こそうとしたウィーン市当局の政治家たちは、経済の客観性と政治の主観性をこのように区別したために最終的に失敗したのだった。オーストリア・マルクス主義者は《公営住宅プログラム》を国の首都で実行することに成功したものの、社会民主党は経済と政治の二元性のためにブルジョワ階級から引き継いだ経済システムを根本的に改革できなかった。バウアーと同胞たちは、ソヴィエト・ロシアの徹底した政治方針、あるいはドイツの社会民主党が試みた構造改革にならう代わりに、社会主義的な目的と民主主義的な合意のバランスをとること、現代政治用語で「第三の方法」[19]と呼ばれる政策を主張した。こうしてオーストリア・マルクス主義者に対して、資本制の既存の都市構造に対抗する高度な現実政策《レアルポリティーク》が求められた。したがって社会主義都市の建設は、その都市経済と都市構造の前提条件を徹底して再考することではなく、まず新しい都市のシンボルを築くことを意味した。まさに、赤いウィーンの非凡なことは、国家の経済プログラムを第一として改革することなく都市形態を変えようとした試みである。

このように、ウィーンの都市政治を経済計画から「分離」することは、ほぼ同時代にルードヴィッヒ・ヒルベルザイマーが[20]『大都市建築 *Groszstadtarchiktectur*』で提示したこととまったく反対である。ヒルベルザイマーは、単一の細胞から都市組織全体までエレメントごとにデザインする近代大都市を理論的に提唱した。タフーリは、都市が資本主義的に統合されるときに潜在している全体規模について明快に考察するためには、ヒルベルザイマーの提案が唯一の近代都市構想であると繰り返し主張した。ヒルベルザイマーのこのモデルと比較すると、タフーリには範囲を定めて建築的に確定した形で都市をデザインするような他の試みは、すべてロマンティックで時代遅れで、まさに「退行的なユートピア」のように見えた。彼の考えでは、赤いウィーンは都市を凝集させ有機的に再計画するものではなく、都市的創成物の群島、記念碑的《モニュメンタル》な、中庭のある大建造物群である。[図15] 群島は都市の残余空間〈21〉において自らの位置を「取り決め」、その一方で一貫した主題をもつ例外的記念碑《モニュメント》と既存の都市を対立させようとした。このように、タフーリにとって赤いウィーンは「実現したイデオロギー」の一例にすぎず、変化するための本質的な計画ではなく、都市計画的な演出の結果にすぎない。タフーリは、とくにベーレンスの《ヴィーナースカイホーフ》〈22〉（一九二四〜二六年）と、エーンの《カール・マルクス・ホーフ》〈23〉（一九二七〜三〇年）の住居区画のようなプロジェクトを彼のイデオロギー的観点から憎悪していた。[図16] 彼はこの建築物の形態の質の高さを的確に指摘して称賛し、さらにそれが無意味な一般大衆向けの表現主義を回避したと断言すらした。しかしながら、彼はその勇壮な建築は既存都市に対する本質的なオルタナティヴとしては不十分であると考えていた。彼らが提案した超区画《スーパーブロック》〈24〉が都市中心部に近接した配置であるにもかかわらず——それはアドルフ・ロース〈25〉の《住宅プロジェクト》〈26〉のような現代的な低密度の労働者住区に代表される「郊外化」の趨勢に挑戦したのだが——タフーリには、都市地理学の資本主義的再編成のためには、そのロースの提案のほうが有効な代替案のように思えたのだ。

しかしトロンティの考えでは、タフーリによる赤いウィーンの分析を背景としたイデオロギー批判はあまりにも機械論的であり、また資本制的発展を唯一の手段とする経済計画の概念に固執しすぎていた。[*17] タフーリがウィーンにおいて退行的なユートピアと見なしたものは、トロンティにとっては社会民主主義の市当局側の稀有な能力

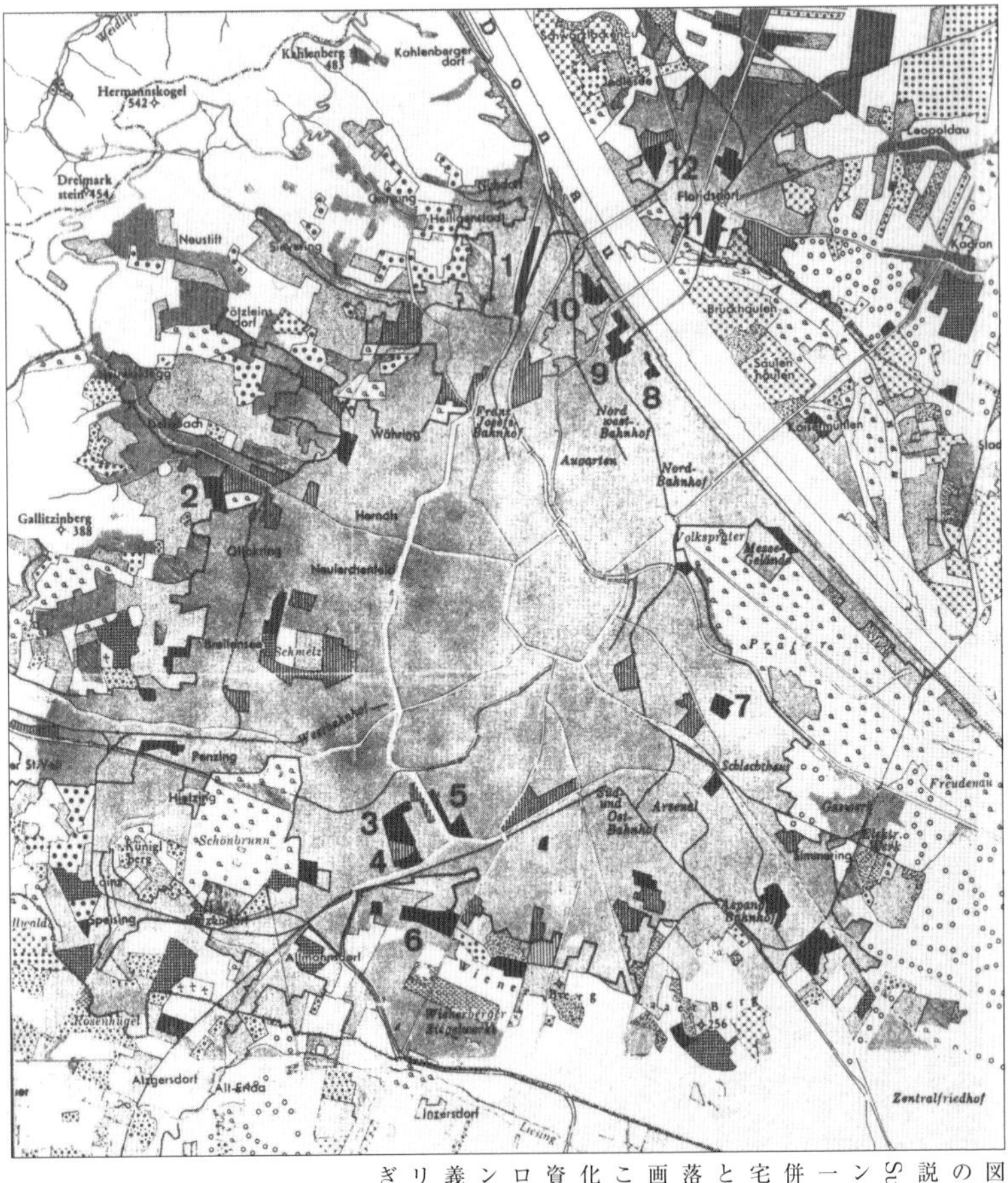

図15 『ヴェルク *Werk*』第四号（一九七〇年）のオズワルド・マティアス・ウンガースの論説「ウィーンのスーパーブロック Die Wiener Superblocks」から抜粋した「赤いウィーン」。一九六〇年代と七〇年代初期において、一九二〇年代初期からヒトラーのオーストリア併合までにウィーン市が進めていた社会主義住宅地区が、ヨーロッパ中で再発見されていたことが確認できる。近代都市計画におけるこの見落とされた時期への関心は、建築形態と都市計画デザインの歴史的事例の探求を表している。この事例は、労働者階級がもはや資本制の均質化する論理に完全に吸収されるものではなく、資本制の政治的な例外として示しているのだ。ロッシ、アイモニーノ、パンツィエーリ、トロンティは、ウィーンの超巨大住居地区を社会主義都市の模範的形態であると称賛するが、タフーリは「構築されたイデオロギー」としていきすぎだと批判した。

図16　ペーター・ベーレンス《ヴィーナースカイホーフ》ウィーン、一九二四〜二五年。ヨセフ・フランク、マルガレート・リホツキー、オスカー・ストルナト、ヨセフ・ホフマン、アドルフ・ロースの共同設計。このプロジェクトは、《赤いウィーンプログラム》の一環として建設された。

だった。すなわち、彼らは第一次世界大戦後のオーストリアの悲惨な経済・政治状況を利用して、ブルジョワ都市の形態の内部から、それに対抗して社会主義都市を建設しはじめたのだ。しかしながら、市の行政を統制した社会民主主義者たちは国会では少数野党であったことを忘れてはならない。ウィーンはこうした状況のために「例外状態」となり、このような行政の状況がともなうあらゆる戦略的、ポリティカルな象徴性とともに、この例外状態のなかで市は文字どおり国家政策に対抗する都市政策を進めたのだ。

　都市全体を計画するマスタープランの代替案としてのモニュメンタル《壮大》な創成物《建造物》で構成された群島は、最善の成果―トロンティはその成果が政治的なものの自律性のマニフェストになると考えていた―を達成させるための、単なる機転のきいた妥協を意味するのではなく、非常に高度な都市デザインの提案だった。資本主義都市の全体計画学に対する拒否として、その都市デザインはまさにその否定性、すなわちそれが弁証法的プロセスに還元できないこと、永続的な危機と対立の場をつくることによって、この提案のアプローチを取り入れた。赤いウィーンのモニュメントは、否定的思考が前提とする理論にしたがって、ようするに形づくることの意志を表現したのだ。既存都市とそのモニュメントをはっきりと対照させながらも、同時にそれが支配階級の表現であることを前提とした配置は、トロンティにとっては資本制という「客観的」条件に対応した首尾一貫した「現実的《リアリスティックな》」な方法である。しかしタフーリは、オーストリア・マルクス主義が社会主義ウィーンの都市デザインとして採用したこの重要な解釈を認めなかった。彼は市当局が望んで妥協したこと、ウィーン市の明らかに退行的な都市政策、彼らが労働者たちの新しい記念碑性《モニュメンタリティ》を求めたこと、大都市が断片化される状況下でのウィーン市の行動と権力に対する意志、そして彼らが抽象的な基本計画や大都市の全体計画に取り組もうとしないことに対して否定的だった。

しかしながら、赤いウィーンはオペライスタがイデオロギー批判を超えて追求する明確なマニフェストだった。それはいわゆる政治的行動の自律であり、そして社会の資本制的発展に対するその自律の優位性の追求である。オペライスタたちにとって、政治的なものの自律性はマルクス主義の政治性が適用される場の絶対的な特異性〈27〉に、その政治性を入念に同調させることを意味している。彼らの考えでは、都市の全体計画ではなく都市理論が資本主義的計画学のオルタナティヴを前進させる唯一の具体的手段だった。都市のなかのブルジョワ権力がシステムやプログラムよりも例外性と特異性によって形成されると、この例外性と特異性そのものは潜在的に労働者の自律した潜勢力を表象する形態になりえた。しかし、そういったアプローチは、これまでの都市計画学とはまったく異なる都市の読解を要したのだ。それは計画学と開発という抽象的なメカニズムにもとづく場よりも不測の事態、交戦《アクション》そして例外が政治的に形成される場として都市を理解することを必要とした。このような視座において、計画学よりも場所《locus》の特異性という概念にもとづいた自律的建築というアルド・ロッシの構想が、オペライスタの結論に近づいた。逆説的だが、それはタフーリのイデオロギー批判よりもずっとその結論に近づいたのだ。

*1　Mario Tronti, "*Sull'autonomia del politico*〔政治的なものの自律について〕" (Milan: Feltrinelli, 1977) p.16. セミナーは一九七二年一二月に開催された。

*2　Tronti, *La politica al tramonto*〔政治性の黄昏〕(Turin: Einaudi, 1996) p.159.

*3　*1、p.9.

*4　Tronti, *Operai e capitale*〔労働者と資本〕, p.269.

*5　Mario Tronti, "Il partito come problema〔課題としての政党〕", in *Contropiano* 2〔コントロピアーノ〕(1968), pp.299-301.

*6　Antonio Negri, "Operaia senza alleati〔同盟しない労働者たち〕", in *Classe operaia* 3〔クラッセ・オペライア〕(1964), pp.1, and 18.

*7　*4、p.96-102

*8　二〇〇〇年八月に行われたマリオ・トロンティとのインタビュー、Borio et al. *Gli operaisti*〔労働者たち〕, p.300。トロンティはわずか二年後に『クラッセ・オペライア』の廃刊を決めた。廃刊の理由は、グループの闘士たち、ミリタントが制度的に確立された政党組織の問題を多く抱えながらも、必要とされた場の内部で急進主義を根づかせることよりは、むしろ周縁的な「過激主義者」として行動することに彼が気づいたためである。

*9　Massimo Cacciari, "Sulla genesi del pensiero negativo〔否定的思考の起源について〕", in *Contropiano* 1〔コントロピアーノ〕(1969), pp.131-201.

*10　Ibid., p.136.

*11　Ibid., p.183.

*12　Mario Tronti, "Estremisti e riformisti〔過激主義と修正主義〕", in *Contropiano* 1〔コントロピアーノ〕(1968), p.20.

*13　Manfred Tafuri, "Per una critica dell'ideologia architettonica〔建築イデオロギー批判〕", in *Contropiano* 1〔コントロピアーノ〕(1969), pp.31-79, translated by Stephen Sartorelli as "Toward a Critique of Architectural Ideology", in K. Michael Hays, ed., *Architecture*

Theory since 1968,（Cambridge MA: MIT Press, 1998）, pp.6-35.

＊14　Ibid. *Contropiano* 1, p.39.

＊15　Manfred Tafuri, "Austromarxismo e città: 'Das rote Wien'［オーストリアのマルクス主義と都市：赤いウィーン］", in *Contropiano* 2［コントロピアーノ］（1971）, pp.257-312.

＊16　Ibid., p.263.

＊17　二〇〇七年九月、著者アウレーリとの電話による会話のなかで述べられた。

ロッシ：都市の政治性のカテゴリーとしての場《locus》の概念

資本主義都市のオルタナティヴとなる都市を構築し自律した建築文化を提案することは、結局のところ都市理論の基礎を築くことである。一九五〇年代のイタリア建築界においては、プロフェッショナリズモ（文字どおりのプロ意識）を広めることがおもな課題だった。この課題は、急速に進んだ戦後資本制の発展によって緊急に要請された近代化に、当時まだ職人的な領域だったデザインと建設技術を結びつけようとする試みである。しかし、一九六〇年代に再び起こった政治闘争と新しい社会的な対立にともない、建築と都市計画の本質的な議論の内容を含めたすべての領域において、文化と概念を刷新する手段を見つけることが必要だった。それまでのように建築と都市の近代化を単に並行して進めるのではなく、都市と関連づけた建築理論の再構築が求められたために、その刷新が必要となったのだ。

一九五〇年代から一九六〇年代初期までに建築分野で行われた知的議論を主導したのは、ブルーノ・ゼーヴィ[1]、ジュリオ・カルロ・アルガン[2]、エルネスト・ネイサン・ロジェルス[3]である。ブルーノ・ゼーヴィは建築史家・批評家で、有機建築協会Movement for Organic Architecture, APAOの創設者である。ジュリオ・カルロ・アルガンは美術史家であり、近代建築の理論と歴史的研究方法に関する重要な論文を発表した著述家である。エルネスト・ネイサン・ロジェルスは建築家でBBPR事務所の代表であり、一九五三年から一九六四年まで権威ある雑誌『カーザベッラ・コンティヌイタ』の編集長を務めた。この三人の寄与は、近代化運動の理論的な目標を批評という形で回復させ、文化的に再介入したことに要約されるだろう。とくに後者に関しては、異なる三つの方向性が示された。フランク・ロイド・ライト Frank Lloyd Wright（1867-1959）の有機的建築（ゼーヴィの主張）、ワルター・グロピウス Walter Adolph Georg Gropius（1883-1969）のバウハウスでの教育プログラム（アルガンの主張）、CIAM（Congrès International d'Architecture Moderne）の倫理的遺産〈4〉（ロジェルスの主張）である。*1 この回復運動は、理論家三人全員が近代化運動がたどった自由主義的な軌跡を建築と都市の民主化に向かわせる唯一の方法であると考えたものであり、その文化的、歴史的な正当性を新たに示すことを目的として、政治的プロジェクトとして意図したものである。

ところが、自由主義と民主主義、そして近代主義をこのように関連づけたイデオロギー的な主張に対抗して、一九六〇年代に建築理論を再構築する動きが次世代の思想のなかで具体化された。それはとくに、ともに一九三〇年代に生まれ、この時期に成熟した知性を備えていたアルド・ロッシとアンドレア・ブランジ〈5〉のような建築家たちの思想である。この新参の主導者たちにとってゼーヴィ、アルガン、ロジェルスなどの知識人が進めてきた文化的提案は、政治と建築思想の関係を改革するという考えに拘束されていた。彼らは、資本制的発展が人間にもたらす政治、文化、そして形態についての否定的手段とイデオロギーという観点から近代都市を回復しようとしたのだった。それぞれを挙げると、より快適な新しい住居形式をつくる方法としての空間的ヒューマニズム、〈6〉社会的平等を広める方法としての新技術、倫理的複数性を示す方法としての古きものと新しきものの共存である。このように全力を傾けた知識人たちが、疑問をもたず、また疑問にできなかったことがある。それは、彼らが民主主義を持続的に発展するものとゆるぎなく信じていたことである。つまり、民主主義の前提となっている構造基盤を問題視できなかったのだ。戦後民主主義の都市基盤、すなわち現実の都市と「リベラル」な建築思想家たちが想像した都市というふたつの基盤は、単なる資本制の経済ではなく、そのイデオロギーの表現でもあった。イデオロギーの表現は、再発見された「ヒューマニズム」という形式をとり、政治的に深く関与した知識人たちのスローガン《マントラ》になった。

　一九六〇年代のはじめに、プロフェッショナリズムとヒューマニズムが修辞的に乱用され使いつくされる一方で、現代の資本制的発展という文脈に社会的な関係を統合させる高度なプロセスがあった。こういった状況に対して、新世代の知識人たちは建築の分野で潜在的に有効な代替案としてふたつの理論的方向性が現れたと考えていた。ひとつは、類型と場のようなカテゴリーを再発見する方法において、建築的創造《ポイエーシス》の自律を政治的に主張することである（ロッシ）。もうひとつは、資本制都市のイデオロギー批判である。なぜならこのイデオロギーは、戦後の近代運動の復興において、また一九六〇年代の技術主義的アヴァンギャルディズムという新しい潮流において現れたからである（タフーリとブランジ）。このふたつの主張は、ときに根本的な違いが見られるものの、理論が領域の自律性ではなく政治的主体の自律において存することが必要だったという点で収束したともいえる。その政治的主体とは、資本制都市のブルジョワによる支配に対して、文化的な代替案を定式化するために委ねられたものだった。当時トロンティは、理論はつねにイデオロギーと対立すると主張していた。イデオロギーが進歩に対する盲目的信仰、社会がよりよく発展していくという信念と一致するのであれば、理論はトロンティがパウル・クレー Paul Klee（1879-1940）を引用したように視覚化 sichtbar machen すること、[7] すなわち具体的概念のカテゴリーという確固たる根拠にもとづいた明快で分析的、そして政治的な視座の構築である。[*2] しかしながら理論は、不可視なものを可視化することによってイデオロギー批判を超えて、プロジェクトのなかで自然に解決されることも意図されていた。このような考えによって、一九六六年に著書『都市の建築 *L'architettura della città*』[図17] を完成したばかりのロッシは、ヴェネツィア建築大学主催のシンポジウムで次のように宣言した。

図17　アルド・ロッシ『都市の建築』、一九六六年。カルロ・アイモニーノとヴェネツィアで教えていた一九六三～六五年にかけてロッシが執筆したこの本は、彼が授業のために用意したノートと『カーザベッラ』で発表した論文を由来としている。ロッシの妻、女優のソニア・ゲスナーが編集の補佐をすることによって原稿の収集、整理がなされた。本は四部構成である。ロッシは第一部で彼の理論の包括的指針、都市的創成物と都市の類型学的知識の弁証法的な統合を要約した。第二部では都市分析の新しい方法論を概説し研究範囲などのコンセプトを紹介して、都市的事象となる第一要素の基本的分類を示した。基本的なケーススタディはベルリンで、ロッシはその都市史をすでに『カーザベッラ』で扱っていた。第三部はこの本のもっとも重要な部分で、ロッシは「場 locus」というきわめて重要な概念を紹介した。「場 locus」は都市空間の特異性と関係があり、つまり、都市を理解する際の地理学における重要な役割である。「場 locus」の概念は計画学や環境など、当時流行していた抽象的な都市分類と対立する。ロッシは最終部で都市的事象が展開される経済的、政治的様相を分析した。この書籍には、都市の物理的形態と重要な構造の関係性として考えられた都市を全体的に評価するために建築、都市計画と歴史を統合しようとしたロッシとアイモニーノの努力が反映されている。

理論をつくることが建築学科の第一の目標であり、それはほかのどの研究よりも優先されるべきである。デザイン理論は建築のすべての研究でもっとも重要である。したがって理論コースは、建築学科においてカリキュラムの推進力となるべきだ。驚くことに、建築理論、つまり建築のつくり方についての理性的な解説と出会うことはほとんどない。もっともナイーヴ《無邪気》な、あるいはもっとも優れた人物によるこの問題に関するわずかな論説をたまたま見つけるにすぎないのだ。あるタイプの理論的原則をわずかに取り入れる人は、結局のところ、その原則について不確かであることに気づいて、いかなる理論においても何がもっとも重要であるのかを確かめることを避けようとし、ようするに理論と建築をつくることとの関係性の確立を避けようとしている。最後に、このことだけはいえるだろう。ある人にとっての理論は、先立つ行為を合理化したものにすぎない。したがって、理論よりはむしろ規範になりがちなのだ。私はナイーヴ《世間知らず》に見えるという危険を冒してまでも、真実であり適切な建築理論の輪郭を描くこと、いいかえると、建築理論に欠かせない部分としてのデザイン理論を形づくることを提案する。*3

ロッシはアントニオ・グラムシの著作、とくに知識人の役割についてのグラムシの省察に深く影響を受けて、一九五六年、ちょうどソヴィエト連邦での第二〇回党大会開催とハンガリー侵攻が起こり、多くの左翼知識人が党を離れたときにイタリア共産党に参加した。グラムシは、知識人が党機関になお有機的に結びつきながらも党に対して自律していること、そしてこのことによって、党に文化の主導権を与える責任があると定義した。ロッシは一九五四年から一九六四年まで、政治運動に傾倒した建築学生として、またロジェルスの雑誌『カーザベッラ・コンティヌイタ』[図18]の編集委員として知識人としてのキャリアを築いた。彼は、建築がもはや巨匠たちの成果物としてではなく、それが都市現象の展開を統合する役割を担うものと考えて、この雑誌に一連の論説を発表した。[*4] カルロ・アイモニーノは、一九七〇年代にIUAVのデザイン学科のディレクターを務めていてロッシと親しかった。アイモニーノは、自分たちの世代を特徴づけているのは、美術史的な観点で解釈されている建築史を、まず政治の発展として理解される都市史におきかえたことであると述べた。[*5] もしそうならば、ロッシはその模範例を示しているといえるだろう。彼によるミラノの新古典主義と啓蒙期の建築についての先駆的論説、ロースやベーレンスのような建築家たちによる

図18　『カーザベッラ・コンティヌイタ』若手イタリア建築家特集、一九六三年。特集された建築家のほとんどは三〇代で、ミラノとヴェネツィアで活動していた。建築誌の表紙にはアルド・ロッシ、ルカ・メーダ、ジャヌーゴ・ポレゼッロによる《クーネオのパルチザンのための禁欲的なモニュメント》（一九六二年）の断面図が示された。ロッシの初期の作品は、本人が認めるようにマックス・ビルの抽象美学とモニュメンタルなスターリン主義の建築の双方にインスピレーションを受けていたが、そのようなイメージが全体主義あるいは官僚主義的な資本制に特定されるとき、彼は挑発的に、極端に簡素な形態を用いた。Courtesy Avery Architectural and Fine Arts Library, Columbia University.

図19　『カーザベッラ・コンティヌイタ』アドルフ・ロース特集号、一九五九年。本誌（一九五三〜六五年）は、一九二八年にジュゼッペ・パガーノが創刊したオリジナルの『カーザベッラ』を引き継いでエルネスト・ネイサン・ロジェルスが再刊したものである。ロジェルスの目的は、哲学と政治といった広範なテーマを扱うことによって建築の実践と建築理論の関係性を強化することだった。ロジェルスは、アルド・ロッシとヴィットリオ・グレゴッティを含むミラノ工科大学の彼の教え子と助手が寄稿することを支援した。ロッシは、ピーター・ベーレンスとル・コルビュジエのような建築家たち、そしてハンス・ゼードルマイヤーの『中心の喪失』とエミール・カウフマンの『ルドゥーからル・コルビュジエまで』の書評に加えて、一九五九年には全一冊ロースを扱った特集号を編集した。ロースは当時、近代運動において二流と見なされていた。しかしロッシが理性主義の遺産を再解釈すること、「機能主義」と「国際様式」のイメージを超えていくためには、ロースは重要な人物であった。ロッシが、ロースとウィーンの文化的背景に関心をもったことは、オペライズモがグスターヴ・マーラーとロベルト・ムージルのような重要人物に関心があったことと比較できるだろう。この二人は、トロンティが『労働者と資本』のなかでとりあげた非政治的な思想家だった。Courtesy Avery Architectural and Fine Arts Library, Columbia University.

作家論、ベルリン、ハンブルク、ウィーンのような都市のケーススタディは、新しく自立した研究分野の確立を目的としていた。図19 そして、その研究分野において、近代都市のポリティクスを成り立たせる主たる手段として、建築という形式が考え出されたのだ。

ロッシによる自律的建築の仮説は、機能主義のナイーヴ《能天気》さを拒絶する以上のことを意味していて、ただ研究領域の特殊性だけを求めることではなかった。その仮説はむしろある理性的《ラショナル》な言語、すなわち支配的なブルジョワ体制に奉仕するような一連の様式から解放された形態理論の探求だった。彼による理性主義《ラショナリズム》の建築の再発掘は、ブルジョワ都市の遺産を回復し、それを社会主義都市の形態として再採用する試みだった。彼は最初の重要な論文「ミラノの新古典主義建築における伝統概念 II concetto di tradizione nel neoclassicimso milanese」[*6]において、ミラノのナポレオン帝政とその時代特有の建築言語の関係を分析した。この言語は、ジョヴァンニ・アントーニオ・アントリーニ[8]が《フォロ・ボナパルテ》[9]のためにデザインしたジャコバン派理性主義《ラショナリズム》[10]による作品のなかで表現されている。この建築とナポレオン帝政下のミラノの他の記念碑的建造物、そして都市への介入についてロッシが理解したことは、その言語はブルジョワ階級の意志であり、彼らは古い貴族階級に対抗する新興の支配階級として、自らの権利を表明する意志だった。このようにして、ロッシにとっての新古典主義都市の建築は、新しい権力の設定のためにミラノのブルジョワ階級が政治的に選んだものだった。彼らは公共空間という概念を定義し実現する方法として、新古典主義都市の建築を理解していた。ブルジョワ階級は、こうして古典の伝統様式を採用し再発見することによって、自らの存在と地位を表現した。ロッシの考えでは、そのときこそが社会主義都市がその前の時代の遺産、いわゆるブルジョワ都市を同じように取り入れ、再発見することによって伝統を築くときだった。

　ロッシは、社会主義建築において認識される市民的性格の定義を試みるという文脈から、一八世紀のブーレー[11]から二〇世紀のロースまでのヨーロッパ・ブルジョワのラショナリズム《理性主義》の歴史に立ち戻った。この構想は、第一五回ミラノ・トリエンナーレでのロッシの組織力とキュレーションによって、一九七三年に理論的に頂点に達した。彼はそこで、二〇世紀における第二次大戦前および戦後の「合理主義《理性主義》」建築の研究に専念した。[*7、図20〜22] 一九六〇年代に一般的だった大袈裟な表現のデザインとは対照的に、ロッシは合理主義《理性主義》の伝統を再びとりあげた。[図23、24] それは規範的で機能的言語としての近代運

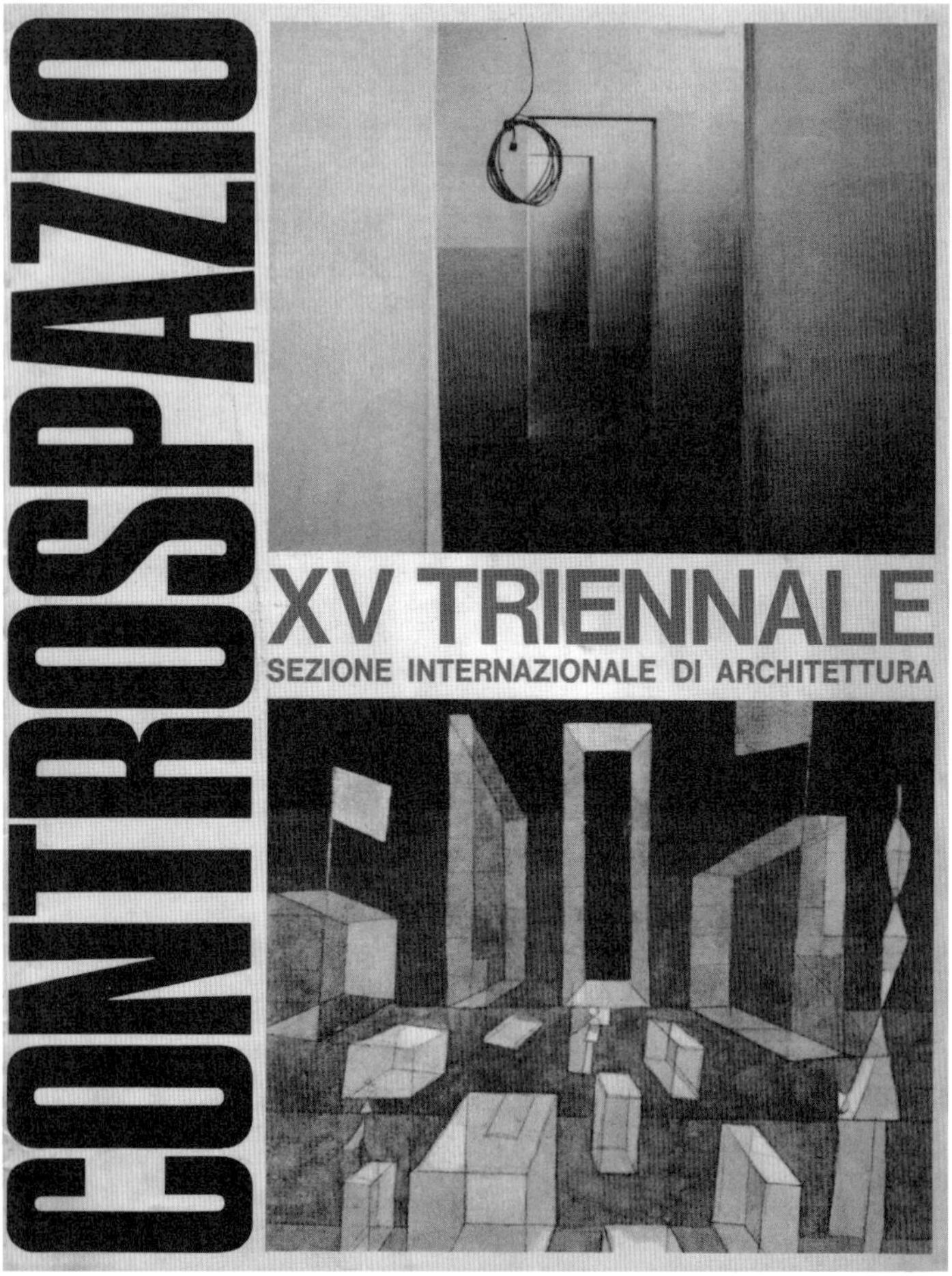

図20『コントロスパツィオ *Controspazio*』第一五回ミラノ・トリエンナーレ特別号、一九七三年。本誌（一九六九〜八〇年）は、一九六八〜六九年のイタリアの建築学科の学生抗議運動に引き続いて、パオロ・ポルトゲージが一九六九年に創刊した。若い建築家であり理論家のエツィオ・ボンファンティとマッシモ・スコラーリの二人が中心となり、アルド・ロッシの影響力が強かった。メンディーニの『カーザベッラ』とは違って、建築そのものの領域に注意を向けつつも、特有の政治的アプローチによるものだった。主たるテーマは、近代主義の危機への応答として合理主義の伝統に再介入することだった。この視座にもとづき、バウハウスやロシア構成主義などをとりあげて、モノグラフとして刊行した。しばらくして、一九七三年にはテンデンツァの雑誌となり、ロッシがキュレーションを行ったトリエンナーレを扱った特集号を刊行した。

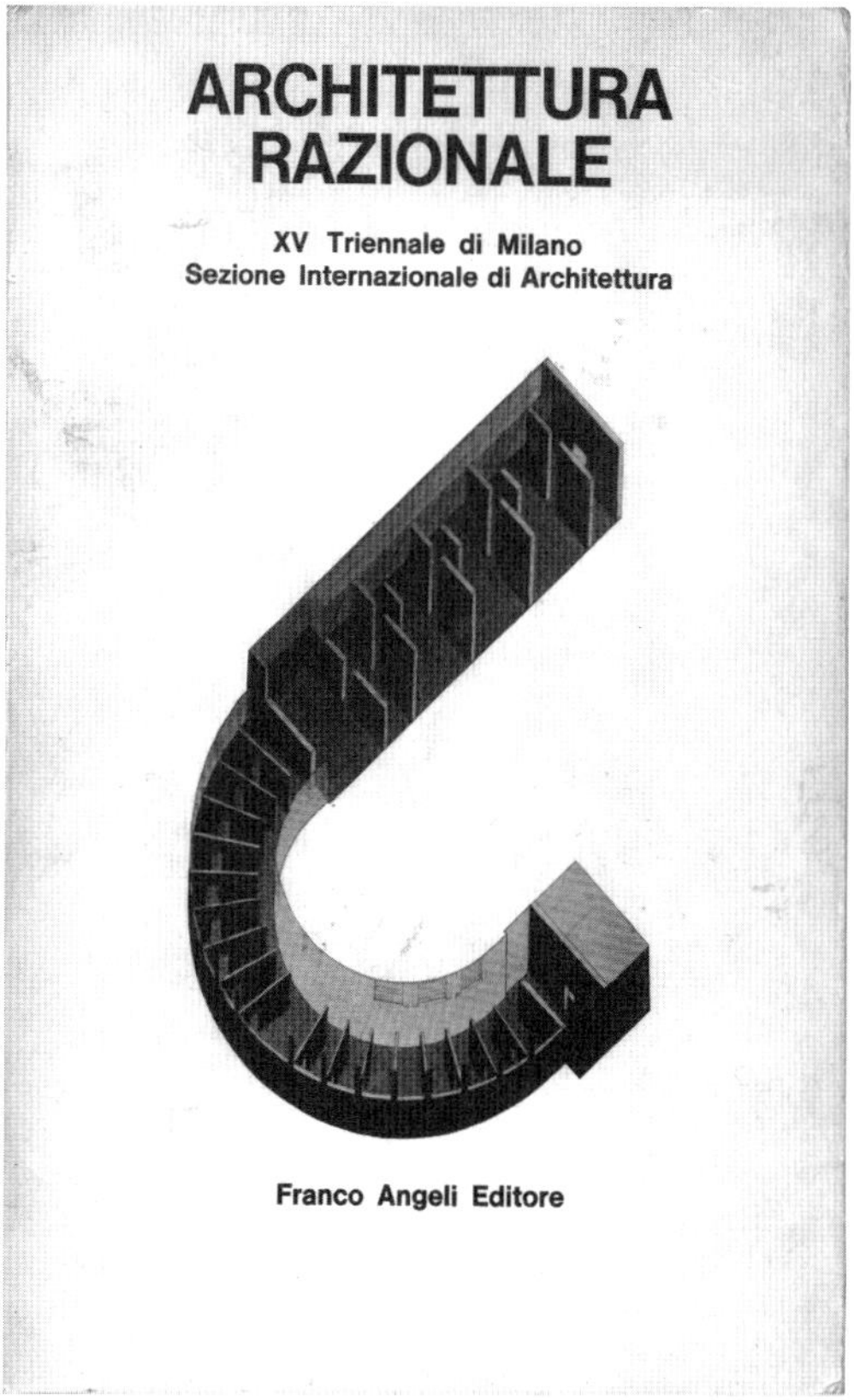

図21 『理性主義建築 *Architettura razionale*』、一九七三年。マッシモ・スコラーリの編集による叢書の一冊で、ミラノのフランコ・アンジェリ出版社から刊行された。この書籍は、第一五回トリエンナーレを扱い、アドルフ・ベーネ、ハンス・シュミット、ルートヴィヒ・ヒルベルザイマー、ハンネス・マイヤーのような近代運動の重要人物、そしてスコラーリとエツィオ・ボンファンティのような若手イタリア理論家による一連の理論的論説とプロジェクトを掲載した。ヨーロッパとアメリカの「新理性主義」建築家とイタリア、スイス、スペイン、ドイツの建築学科出身の学生のプロジェクトを含んでいた。テンデンツァの目的のひとつは、研究プログラムと都市プロジェクトを収集し、示すことによって各国の建築学生に影響を及ぼすことだった。

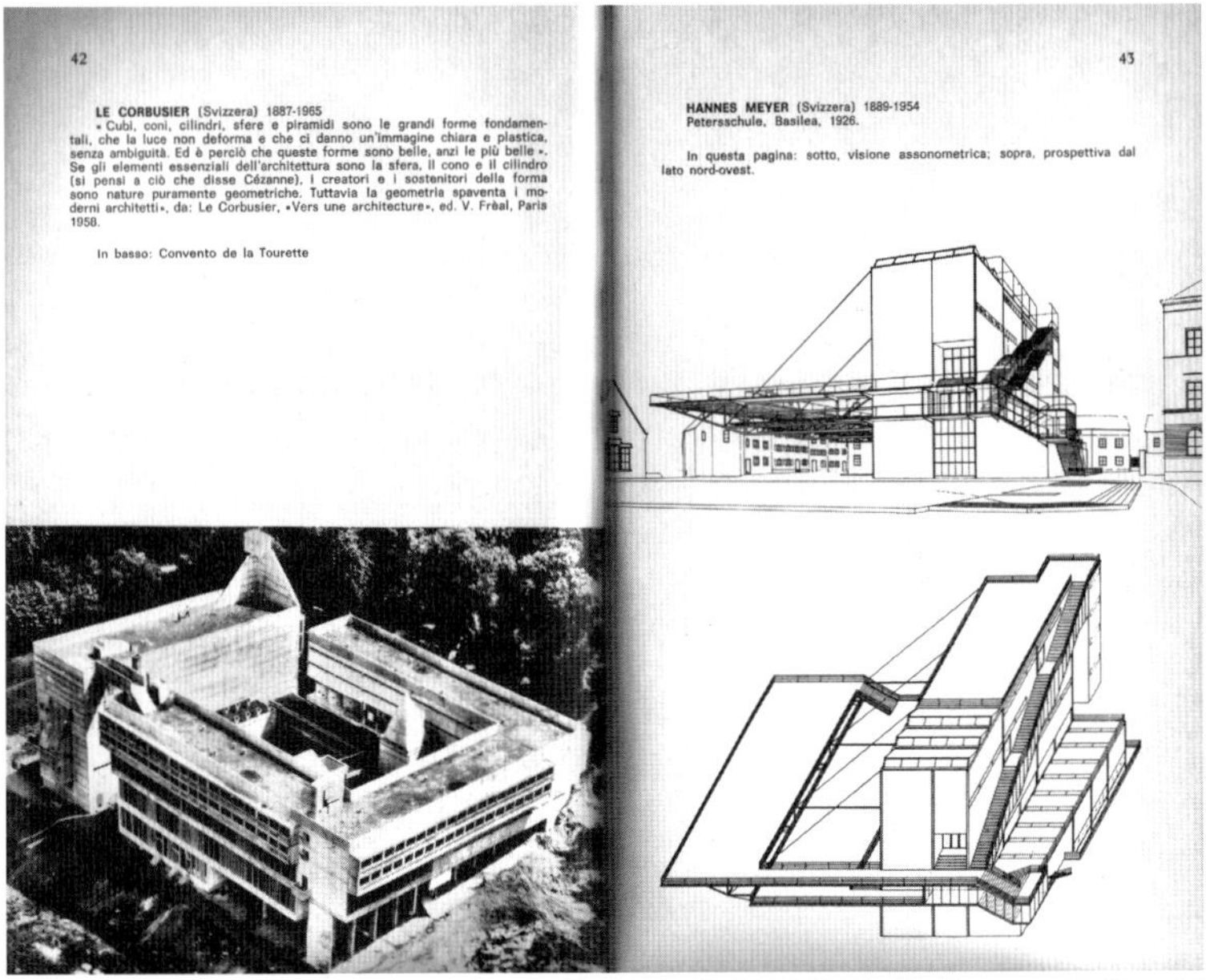
42

LE CORBUSIER (Svizzera) 1887-1965
« Cubi, coni, cilindri, sfere e piramidi sono le grandi forme fondamentali, che la luce non deforma e che ci danno un'immagine chiara e plastica, senza ambiguità. Ed è perciò che queste forme sono belle, anzi le più belle ». Se gli elementi essenziali dell'architettura sono la sfera, il cono e il cilindro (si pensi a ciò che disse Cézanne), i creatori e i sostenitori della forma sono nature puramente geometriche. Tuttavia la geometria spaventa i moderni architetti», da: Le Corbusier, «Vers une architecture», ed. V. Frèal, Paris 1958.

In basso: Convento de la Tourette

43

HANNES MEYER (Svizzera) 1889-1954
Petersschule, Basilea, 1926.

In questa pagina: sotto, visione assonometrica; sopra, prospettiva dal lato nord-ovest.

図22　『理性主義建築』の見開きでは、ヨーロッパ理性主義＝合理主義の規範的な建築であるル・コルビュジエの《ラ・トゥーレット修道院》とハンネス・マイヤーの《ペータースシューレ Petersschule》（小学校）が示されている。ロッシと周囲の新理性主義建築家たちは、近代化運動とその遺産を拒否するどころか「模範的な」既存の建築に共通するヴォキャブラリーの特定を目的として、厳格な建築分析を奨励することによって近代化運動を取り入れた。《ラ・トゥーレット修道院》は、ロジェルスの『カーザベッラ』のためにロッシが熱心に論じた主題でもあった。

動の流行からではなく、むしろ、当時のいわゆる後期資本主義的な都市計画が激しく混乱させていた、混成的で技術に支配《他律的な》された形態に対抗して、潜在的に自律した建築を主張するためだった。彼はトリエンナーレのために選んだ参照作品と事例の解説で、次のように述べている〈13〉。「ルードヴィッヒ・ヒルベルザイマー、アドルフ・ベーネ〈12〉、ハンス・シュミットたちは近代建築の遺産において特別の意味があるので、私たちは彼らの論文を盛り込んで参考にした。社会主義的視座からブルジョワ建築の矛盾をつきつけたのであるから、彼らの論文は重要である」[*8]。

ロッシにとって、ジェネリック《汎用的》でオープンエンド《発展可能な性質の》な運動としてではなく、政治的かつ文化的なプロジェクト、つまりテンデンツァ[*9]としてヒルベルザイマー、ベーネ、シュミットの近代の伝統を引き継ぐことは重要だった。テンデンツァは、資本制都市のオルタナティヴとなる都市をつくることを目的とした著名な建築運動である。ロッシによると、この構想において必要とされることは建築様式や都市形態を変えることではなく、都市と建築に関する新しい理論的な視座を確立することである。その目的は、テクノクラティックな選択よりも政治的選択を優先すべきであった。このように考えると、自律的な建築についてのロッシの取組みは、彼が提案する都市理論と一致する。それは、彼が一九六〇年代初期に資本主義的な都市計画事業、つまり技術賛美をともなう全体主義的な都市計画に対して異議を唱え、それに対して挑んだ理論である。ロッシにとって現代都市理論の前提は、政治的な選択の場としての都市であり、市街化のように全体性と連続性に単純化することのできない場を具体的な地勢とする都市であるべきだった。

図23、24　自律的建築の歴史は、実際の建物よりもはるかに多くの編集上の事業（書籍、雑誌、建築と都市計画に関する重要な国外書籍の翻訳）から構成されている。ロッシは『都市の建築』ですぐに成功したが、それに続いて「ポリス Polis」という象徴的な名称の叢書に取り組みはじめた。それは、建築家によって都市と政治の関係性を強める書籍、あるいは論文を発表する目的だった。叢書は、ロッシが翻訳したエティエンヌ・ルイ・ブーレーの『芸術についての論説 *Essai sur l'art*』から始まり、ジョルジョ・グラッシの『建築の論理的構成 *La costruzione logica dell'architettura*』（1967）も含んでいた。カルロ・アイモニーノの「近代都市の起源と展開 Origini e sviluppo della città moderna」は、レオナルド・ベネヴォーロの『近代都市計画の起源 *Le origini dell'urbanistica moderna*』（1967）に論戦を挑んだ返答として、批評誌『クリティカ・マルクシスタ *Critica Marxista*』に発表されたものだった。さらにルドヴィコ・クアローニの『バベルの塔 *La torre babele*』（1967）がある。叢書とロッシによる編集企図を象徴するものは、ジョルジョ・グラッシの編集で *Un'idea di piano* として翻訳されたルートヴィヒ・ヒルベルザイマーの一九六七年の『計画概念の発展 *Entfaltung einer Planungsidee*』の翻訳である。一九六九年のハンネス・マイヤーの論文集は、フランチェスコ・ダル・コの編集によって『建築、あるいは革命 *Architettura o rivoluzione*』という表題で翻訳された。この翻訳集は、ロッシが様式主義の現象についてではなく、理論的、政治的なプロジェクトとして近代運動の遺産を再考するために深く関わったことを示す。

ロッシが後期資本主義的な都市化《市街化》、すなわち前述の全体主義的な都市計画に対して理論的に取り組んだ基礎的試行の基盤は、一九六三年にアレッツォでオリヴェッティ財団が開催した都市計画の上級講座ではじめてテューターとして教えた経験だった。大学院生を対象とした専門課程として構想されたアレッツォの上級講座は、ルドヴィコ・クアローニ Ludovico Quaroni（1911-87）とジャンカルロ・デ・カルロ〈14〉といったイタリアの都市論の重要人物が主導した。若手テューターとして、ロッシのほかにパオロ・チェッカレッリ、〈15〉そしてタフーリが参加していた。チェッカレッリは都市計画家でケヴィン・リンチ〈16〉の『都市のイメージ *The Image of the City*』〈17〉のイタリア語版の翻訳者であり、タフーリは当時論戦好きな若手歴史家であり建築家だった。タフーリは、「建築家・都市計画家協会 Architetti Urbanisti Associati, AUA」〈18〉、図25と呼ばれる創設したばかりの建築家と都市計画家の合同機関に関わっていた。AUA は、グロピウスがアメリカで共同で設立した設計事務所 TAC と、同じくアメリカの組織設計事務所 SOM のようなアメリカで実践されたプロフェッショナルな方法にインスピレーションを受けていた。上級講座のテーマは、イタリアの都市とその周辺地域の内部で起こった変動に直面したこの研究領域を更新することだった。その変動の背景には一九五〇年代から六〇年代初期までの経済急成長の圧力と、それにともなって生じた貧しい南部の住民たちによる産業化が進んだ北部への大規模な移住がある。オリヴェッティ財団が支持したこの研究領域の更新は、経済プログラム、都市計画学と他の新しい都市構想を重点的に取り扱った中道左派連合政権が新たに結成される状況において行われた。*10

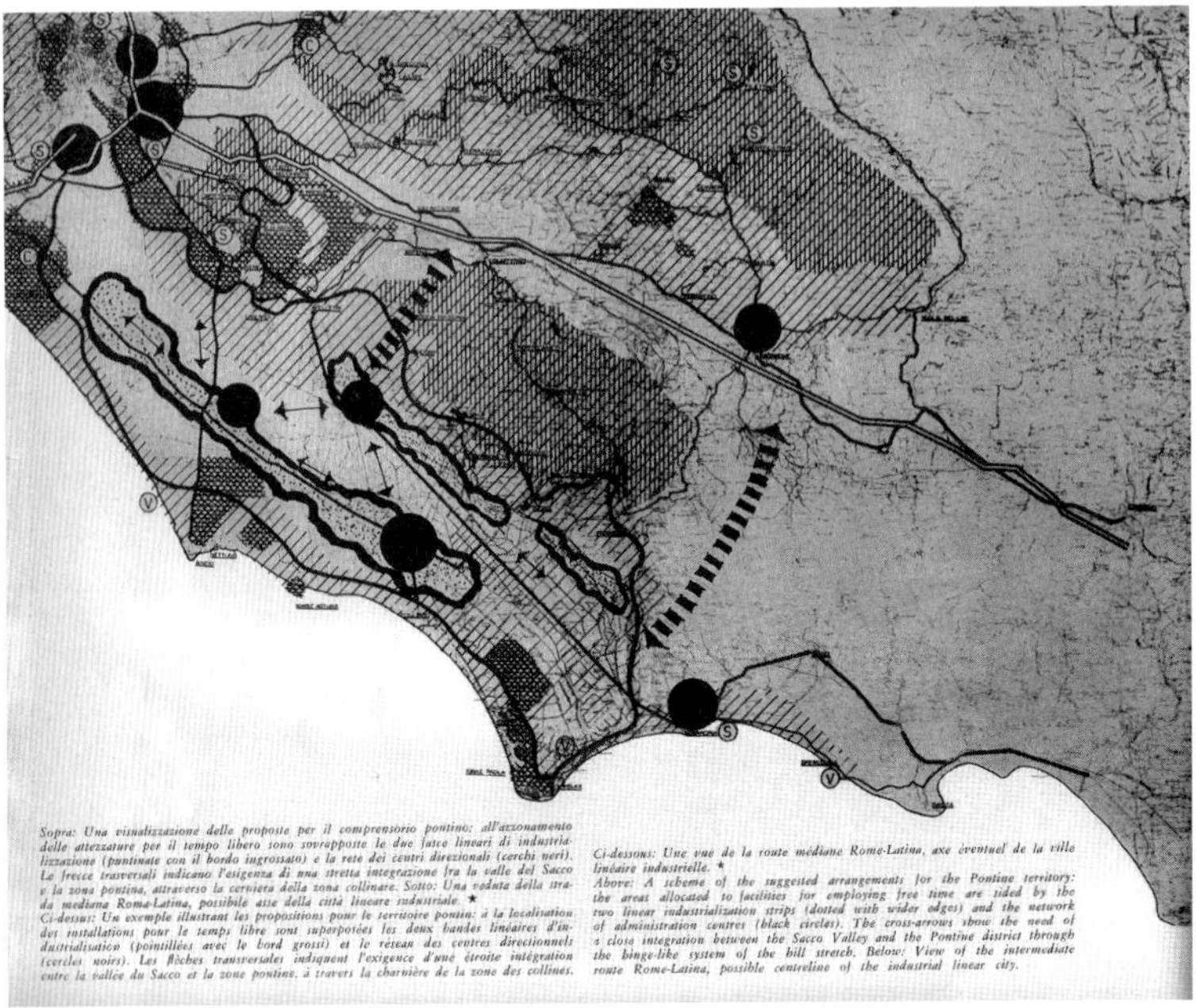

図25　AUA（建築家・都市計画家協会：ヴィエーリ・クイリチ、ジョルジョ・ピッチナート、エンリコ・ファッティンナンツィ、マンフレッド・タフーリ）、ローマ近郊のポンティーナ地区の《都市-周辺領域計画》は、生産センターおよびビジネスセンターを示している。福祉国家と、国家の新しい生産の地勢学の到来は、工場の境界を超えて領域全体にわたる生産システムの拡大を表している。一九五〇年代後期から一九六〇年代はじめのイタリアとヨーロッパにおいて、生産はもはや工場に限らず、都市生活のサイクル全体、労働、余暇、福祉そして文化へと広がった。

都市計画は、すべてのデザイン分野が収斂する層準であると解釈したこの視座において、アレッツォの講座のふたつの目標は、第一に都市計画学の伝統をヒントとした新技術をつくり議論すること、第二に歴史都市の伝統的な形態と境界を超えた「新しい都市領域《市街化》の範囲」の概念をつくることである。タフーリとジョルジョ・ピッチナート〈19〉は、ちょうどその一年前の一九六二年に『カーザベッラ・コンティヌイタ』誌上に発表した重要な論文のなかで、最近の都市景観の変容の研究のなかの革新的な構成として、「都市-周辺領域《city territory》」という概念を提案した。[*11] 彼らが論文とアレッツォの講座の双方で主張したことは、交通網とその他の経済フローによる新たな複合的ネットワークでつくられた開かれた形態としての領域の範例《パラダイム》だった。タフーリとピッチナートによると、新しい工業生産方式の導入による結果として、都市とその周辺の郊外地域は統一体としてまとめられ、新しい領域の規模とその役割が明確にされたのだ。

　アレッツォの講座のタフーリとピッチナートの主張は、左翼政党が新しい計画学の手法の重要性に気づき、経済プログラムと地域計画学を統合するための徹底した「科学的」な方法としてその手法を理解するときに現れた。この中道左派連合、そしてとくに社会党の政治目標のひとつは、バランスのとれた社会体制を実現するために資本制的生産と流通の手段を合理化することだった。このバランスのとれた資本制は、明確で分類的な定義、すなわち「都市-周辺領域」の定義を受け入れた。[*12] この「都市-周辺領域」という分類は、資本が社会全体に拡大しつづけるという政治的構想のなかで考えられ、タフーリとピッチナートを含む多くの左派寄りの都市計画家と建築家が市街化開発の最終的な運命として示したものであるが、政治的には中立ではなかった。

この分類の基礎をなすのは、生産方法が純粋に競争的な資本制から、組織化した、すなわち寡頭主義、あるいは独占主義的な資本制への移り変わりによって変異したという主張である。この新資本主義は、都市、産業生産地区、そしてこのふたつの区域の間にある市街化地域の関係をよりロジスティカル《記号論的》に調整し計画する必要性を強いるのだ。

ロッシは、アレッツォの講座と『都市の建築』の双方において都市‐周辺領域という分類に対して反論する姿勢をとり、この姿勢を基本として場《locus》の概念にもとづいたオルタナティヴな都市理論を提案した。彼は論文において場《locus》を文化と政治の文脈で解釈したことから、場《locus》は資本制的統合プロセスに真っ向から反対することを意図した概念として理解されるべきである。しかし、さらにロッシの主張を分析していく前に、急進左派がアレッツォの講座で示した都市‐周辺領域のような理論的提案にどのように反応したのか見てみよう。非常に興味深い反応のひとつは『クァーデルニ・ロッシ』第三号で発表されたクラウディオ・グレッピ〈20〉とアルベルト・ペドロッリ Alberto Pedrolli（1934-）による「生産と領域計画 Produzione e programmazione territoriale」と題する論文である。[*13] グレッピとペドロッリはオペライズモの闘士でありフィレンツェ大学建築学科の学生だったが、都市‐周辺領域という新しい概念が資本の戦略的な都市収用のプロセスにおいて、いかに質的に飛躍したのか力説した。著者たちによると、アーバン・デザインを資本の道具とすることは、二〇世紀前半において、労働力を断片化させ領域全体に分散させる効果があり、ようするに田園都市とそれに隣接した農村地域のような退行的な土地形態に好都合だったのだ。第二次大戦後、イタリアの公営住宅の典型的事例の多くに、キリスト教民主党が「働く人々」を保護するために設立した組織である公営住宅建設機関 Istituto Nazionale delle Assicurazioni,INA-Casa〈21〉の援助のもとで建設した複合施設がある。[*14] INA-Casa と他の住宅機構の計画は同じように断片的に一定増加し、自給自足の概念、分散的な近隣住区の概念を基盤とした。しかし、グレッピとペドロッリによると、新資本主義の到来にともなって労働者を―彼らは単なる産業上の勢力から社会勢力に転化されたのだが―さらに生産力と結びつけることが必要とされた。そしてこのために、戦略は断片化から地域レヴェルの調整へとおきかえられた。このように判断して、グレッピとペドロッリは次のように述べている。「自給自足的な衛星都市という時代遅れの概念は、都市と郊外《田舎》の固定した関係を繰り返して都市-周辺領域の概念におきかえられた。この都市-周辺領域の概念は、市街化された領域全体をより生産的にするために、それを包括的に体系づける構造として理解されるものである」[*15]。

グレッピとペドロッリは、都市計画分野の「若手左翼理論家たち」が都市-周辺領域という分類を人間の居住環境の中立的、進歩的表現として決め込んでいることを非難した。二人は次のように述べている。「都市-周辺領域の定義の背景には、資本が発展するなかで労働力を統合しようとする企てだけがある。それは、今度は抑圧ではなく民主的な組織によってなされ、さらに偉大な社会的正義という目的のために左翼闘争によってなされるのだ」[*16]。このようにして、二人は都市-周辺領域の概念に対する唯一の代替案は社会主義的にそれを再収用することではなく、むしろかつてあったように都市に自律性を割り当てることであると考えた。著者たちは、このような自律性の割り当てを新規の都市計画学のプロジェクトとしてではなく、すでに確立している労働者階級の類型学《タイポロジー》を引き継ぐものとして特定した。先に論じたように、赤いウィーン時代の社会民主主義体制の市当局が、際限なく拡大する都市に対抗すると考えた要塞型の建造物がこのアプローチの一例であろう。グレッピとペドロッリによると、類型学《タイポロジー》は具体的な都市の記号であり、推定された「科学的」計画学と対立する具体的で明確な政治的選択の表現である。グレッピとペドロッリは、資本制都市が成長しつつある生産力に民主的に吸収され、社会的に統合されることに反対して、そのような統合に抵抗する労働者階級の地勢として特定される部分からなる都市を提案した。二人の提案は、オペライズモが政治的に批評を行ったことと、都市‐周辺領域という都市計画的区分に対するロッシの建築的批判のどちらにも酷似している。

ロッシはセミナーのときに、現代計画学理論に由来する都市‐周辺領域という分類を市街化開発に対して盲目的で絶対的に信仰した結果と見なし、この理論を用いることに強く反対した。ロッシは、タフーリがアレッツォの講座で提唱し、クアローニとデ・カルロが支持した都市‐周辺領域というミスティフィケーション《煙にまいた表現》に対抗して、都市の分析とデザインにもっとも関係する手段として、都市的創成物、つまり都市の建築という具体的な性質を主張した。ロッシは、加速する市街化の圧力による分類のみが形成する漠然とした曖昧な場として都市を見るのではなく、政治性によって形成される場として都市を考えることを提案した。この立場から見ると、建築の分析のみが、都市に内在する個別性、すなわち技術的発展に共通する特徴に既約できない部分の性質を明らかにできる。

このように、ひとつの分析によって概念的にふたつに分類することが類型学であり、それは都市形態の構成と展開について認識することとして理解される。都市的創成物の個別性は、それが実際に物理的に現れるときに建築が具体化したものとして理解される。ロッシにとって類型学は「科学」であり、その「科学」によって市街化開発のいかなる画一的なアイデアにもまとめられない、あるひとつの分析にしたがって都市の性質と展開を評価することができ、また都市的創成物の個別性は類型学の原則が現実の都市に適用されることを決定する契機を与える。類型学が都市的創成物の個別性と接触するフィールドは、抽象的、図式的表現をともなう都市計画学でもなく、都市景観のアイコニックな表現をともなう「タウンスケープ」でもない。それはむしろ場《locus》の概念をともなう都市地理学〈22〉である。ロッシは、場《locus》を用いることによって単なる経験的な証拠を示すのではなく、普遍的な構造という条件として理解される建築が構成する地理的特性を示そうとした。

　グレッピは近年、次のことを回想している。急進左派寄りのロッシの魅力は、当時の建築家のなかでは珍しいのだが、彼がタウンスケープに対抗する批評的枠組みとしての都市地理学に強い関心をもっていたためであった。[*17] ロッシはマルセル・ポエMarcel Poëte（1866-1950）、モーリス・アルブヴァクス Maurice Halbwachs（1877-1945）、ジャン・トリカール Jean Tricart（1920-2003）、ジョルジュ・シャボ Georges Charles Claude Chabot（1890-1975）、そしてマクス・ソル Maximilien Joseph Sorre（1880-1962）を含むフランス都市地理学派の主要な著作を数年間、熱心に研究していた。この研究者たちは、都市空間を断片化する力の場として、また断片化が展開するときに全体にわたってその都市空間に識別可能な構造があると考えて読むことに関心をもっていた。ロッシはソルの研究を参照して、都市の枠組み全体における「特異点」の現れとして場《locus》の概念を構築した。彼が『都市の建築』の重要な一節で述べたように「ソルのような地理学者が空間区分の理論の可能性を示唆し、このことにもとづいて〝特異点群〟の存在を前提とすることができるのだ。こうして場《locus》は未分化な空間にまで入り込んで、ある特定の都市的創成物の理解のために必要なその状態や特質をはっきりと浮かび上がらせる」[*18]。このように考えると、ロッシにとっての場《locus》は都市への介入、あるいは都市の解釈を限定するそのものを構成するといえるだろう。

　ロッシは計画学に対抗し、また場《locus》という自らの概念を弁護しつつ、計画学の実践に潜在する市街化の技術優先的、資本制的概念に暗に反対した。都市はいかなる全体性にも、とりわけ資本制的統合力が強いる全体性にもまとまることのない部分の集積である。このように考えると、場所の分類を政治的分類として解釈することが可能である。すなわち政治的分類は、資本制的発展の統合勢力に大規模に征服されることに対して、場所の分類に誘発される個別性によって事実上抵抗している。場《locus》とその特異な性質によって同様に特徴づけられる他の概念、たとえば『都市の建築』のあらゆる箇所に浸透している記念碑性《モニュメンタリティ》と集団的記憶を取り入れることは、都市に対する伝統的な見方を回復する努力ではなく、その代わりに都市に対する新しい政治的読解を確立する取組みとして理解されるべきである。ロッシは資本制による変化と、その改革への熱望といった影響を受けることなく、都市を描く明快な理論を提示した。そしてこの提示によって、明白で特異な事象の舞台として都市を見ることができ、その事象に特定された形態が、都市現象とその形態をとりまく変動に対して挑むことができると彼は示唆したようである。

同時に、特異な事象の深層部の構造の重要性について、また都市の集団的経験におけるその深淵な役割について、前記の理論を用いて分析することが可能である。都市的な集団記憶の現れとして都市を見ることは、経験的に見えるものを超えて構成する力と構成される力の関係の弁証法的矛盾に気づくことである。このような考えで破壊、再建と混乱は、現実の都市の歴史がトレースされうる事象になったのだ。ロッシによると、この現象は都市の発展を実際に構成するものである。こうした文脈で都市の自律性の理論が目的とすることは、図像的な視覚上の理解や都市の表層的イメージを超えて、断続的な事象の本質的な原動力を評価することである。こうしてロッシは著書を『都市の建築』という表題とした。ロッシは、その著書の六年前に刊行されたケヴィン・リンチの『都市のイメージ』にインスピレーションを受けながらも、それに対して批判的だった。そして彼はリンチの都市に対する浅薄な知覚的-心理学的な読解を超える方法として、イメージの代わりに建築を提案した。[*19] ロッシは冒頭で経験的実証（都市的事象の個別性）をとりあげる一方で、都市の建築的研究は都市内部の構成要素として機能する地理的連続性と、都市の展開を特徴づける歴史的断絶性のどちらも強調すべきだと主張した。こうした研究において、特異性の普遍的条件として理解された場《locus》の概念は概念的枠組みとして機能した。

ロッシはまず、場《locus》についての彼の構想をはっきりと述べている。それは、彼が都市-周辺領域《territory》という分類を拒絶する根拠と、ヴェネツィア大学時代の同胞と共著で出版し一九六五年に都市計画学会Instituto Nazionale Urbanistica, INU[23]の第一〇回大会で発表した論文において、都市構造を資本制的生産力に無批判に関係させることを拒否した根拠のひとつになっている。[*20] その論文は、ヴェネツィア派の初期共同作品のなかでもっとも重要なもののひとつとして読まれるだろう。それはロッシが場、類型学そして都市的創成物というアンチ・テクノクラート的分類について主張したものであり、この分類法は後にヴェネツィア派の方法論の主軸となるものである。ロッシ率いるグループが特定する論争の標的は、都市計画家と建築家の情報技術と人工頭脳工学に対する強い関心と並んで、「変更可能《オープン》なプロジェクト」[24]と「ネットワーク」といった同時代のコンセプトだった。このコンセプトを無批判に使うことに反対して、ヴェネツィア派は次のように述べている。

> 都市計画学という推定された広域的視野の範囲内で都市の変容を示す形態用語、空間用語を特定することは、不可能ではないものの難しい。なぜなら、都市計画学はほとんどの場合、領域全体を創造するデザインを前提としているからだ……「変更可能《オープン》なプロジェクト」という表現の正確な意味を都市デザインの観点から理解することは難しい。こういった表現は「開かれた形態」という美学における流行のカテゴリーと類似している。そしていかなるデザインの介入も、ひとつの形態によってひとつの問題を扱う事実を鑑みると、そのような表現はミスティフィケーション《いかさま》である。閉じられた、限定された形態には発展する可能性があり、その可能性によってのみ、他の形態が出現しうるのだ。[*21]

都市–周辺領域というオープンエンド《発展可能な性質》を前提とする形態に対し、ロッシのグループは有限で並列配置された区画による都市空間で対抗した。都市的創成物の囲われた形態が示す有限性は、都市の建築の基盤として考えられた。この理論において、建築的構想は都市から分離していないものの、都市に対して自律すると理解された。それどころか、特定の介入は明らかに社会的、政治的文脈全体と関連していた。ロッシたちは、パトリック・ゲデス Patrick Geddes（1854-1932）、ガストン・バルデ Gaston Bardet（1907-89）、ルイス・マンフォード Lewis Mumford（1895-1990）、ヴィクトール・グルーエン Victor David Gruen（1903-80）といった著名人の研究と理論で提示される、いわゆる有機的都市計画学という因習にこの考え方を対置させた。市街化地域は、この伝統においてフレキシブルな組織の有機的成長によるものであり、インフラの技術開発に関わりながら発展すると考えられたのだった。このモデルに示される規定によって、市街化地域はブルジョワ階級の価値観とイデオロギーの生来の姿を示すことになった。ロッシたちが攻撃したことは、都市の基本図式としての移動性とネットワークである、政治的に曖昧な概念を受け入れることであり、同時に、近隣地域、村、地域共同体という社会的に後退したモデルを理想化し、偽造した都市の表現としてあてはめることだった。グループはこの考えから「ブルジョワ的な定住パターンの衰退という歴史的状況、そして資本制というジェネリック《包括的》な経済動態において田園的、絵画的イメージをともなう前近代文明の深い闇からその状況が立ち現れることは、都市計画構想とその現在の麻痺状態そのものを構成しているかのように見える」と記した。[*22]

この麻痺状態の兆候をはっきり示す例はメガストラクチャーであり、都市への新しいスケールの介入として、この時代に広く取り入れられた。ロッシと仲間たちの考えでは、その典型的な事例は丹下健三（一九一三～二〇〇五）の《東京湾プロジェクト》〈25〉だった。一九六〇年に丹下と共同者がデザインした都市は、流通とアクセスの交通網に厳格にもとづいて、東京湾のなかで完全に孤立していた。その都市は機能的、技術的関係によって構築された都市の胞子嚢による巨大なプラグイン・タイプの図式であった。ヴェネツィア派は、この技術的に高度な都市デザイン方法において政治的に後退したモデルが現れていると考えた。「それは、都市計画の存在理由として新しい技術を誇張しながら、機能主義という古いテーマをまだ用いている。それは資本制都市における現在の生活様式に対して、現実的な代替案をまったく提示していない」[*23]。

ロッシたちにとっては、都市の技術的進歩は都市の政治性の後退と一致するものだった。このような見方から、ロッシの自律性の概念とパンツィエーリとトロンティの自律性の主張が類似することは単なる偶然ではなかった。彼らの主張すべては経済的発展の継続性に対して社会と都市の独立性を対立させることで、資本制的発展におけるミスティフィケーション《煙にまく表現》を取り除くことを意図していた。この布陣は、政治活動への経済的決定の優位性に対して異議を唱えるものだった。ロッシは、パンツィエーリとトロンティと同じように、経済プログラムと資本主義的計画学の偏向した抽象概念に対して、敵対関係の緊迫状態にもとづく現実を対比させた。オペライスタにとって、この衝突は労働者階級が自らの経験の外で展開した政治性と組織という形で繰り広げられた。一方、ロッシたちにとってそれは都市的創成物の個体性、場《locus》の特異性、そして独立部分で構成される都市概念によって行われた。

　ロッシの主張を表した好例として、一九六二年の《トリノの新行政センター設計競技案[26]》の際に彼がルーカ・メーダ Luca Meda（1936-98）、ジャヌーゴ・ポレゼッロ Gianugo Polesello（1930-2007）とともに提出した宣言としてのプロジェクト《提案書》が挙げられる。設計競技は、トリノやミラノのようなイタリアの工業都市に特徴的な取組みであり、今後さらにホワイト・カラーとサービス分野に重点がおかれることを考慮して近代化を目指したものだった。設計競技は、先に述べた憲法広場での抗議運動と同時期に開催され、すなわち社会的、政治的にも都市における労働力が変質するさなかに行われた。主催者の意図は、行政センターを伝統的な生産の場から完全に解放された新しい労働環境の象徴とすることだった。さらに、イタリアの代表的な建築事務所が多数参加した設計競技は、その大半の参加者によって新しい都市の特質と都市－周辺領域というテーマに対する模範的なテスト・ケースとして解釈された。多くの参加者が取り組んだことは、建築をはるかに超える現象を表現するために適切な建築言語を見つけることのようだった。その言語には、労働と都市の関係を徹底して刷新する意味をまとめるもので、計画学の発展、コミュニケーション、情報交換、そして新技術の利用を含んでいた。したがって、タフーリとピッチナートが率いるAUAスタジオが提出した案も含めて、多くの応募案が文化的、技術的価値すべてをともなう新しい都市の特質というテーマをメガストラクチャー、有機的、開かれた労働形態に翻案したことは驚くべきことではない。

　このシナリオに対して、ロッシ、メーダ、ポレゼッロは、中庭を囲む壮大な正方形構築物という禁欲的で閉じた形態を提案した。それはアレッサンドロ・アントネッリの[27]《モーレ・アントネリアーナ》[28]、すなわち一九世紀後半に建設されたトリノ中心部の巨大シナゴーグの分身として弁証法的に対置された。このふたつの構築物はともに都市内部にある例外的なモニュメントとして表現されるが、アントネッリの《モーレ》の正方形とロッシ、メーダ、ポレゼッロの中庭形式の建築は、ローマ帝国時代のトリノの都市構造であるチェスボードの格子状の形態から抽出されたものにすぎないのだ。アントネッリの《モーレ》がこのグリッド内に位置してそれに直接関係するのに対して、ロッシのプロジェクトは都市周縁にある設計競技が指定した敷地に置かれ、グリッドに類似した形を再構築したもの、すなわち、類型学的テーマとしてグリッドを再解釈したものである。[図26、27]したがって、それはある規範の回復ではなく、例外としてグリッドという規範を類推的に用いたのだ。設計競技に提出された他の計画案はすべて、トリノにおける近代的なインフラ技術の目新しさに刺激されたものだった。ロッシたちの計画案は、そういった案と対照的に既存の都市に批判的、弁証法的に対立するように計画された。彼らはインフラの図式的計画を拒否し、その代わりに厳格に定義した場《locus》を計画した。そしてその場《locus》をその形態と配置によって、都市の他の部分とにはっきりと対照させ、また対立させせた。その都市の発展は全体をまとめるイメージではなく、進行する都市開発を構成的に限定するものとしてはっきりと示された。このことが理由となって、ロッシたちの提案は「反動的な建築」として審査ですぐに拒絶され「大衆操作のためのスターリン的な中庭建築」というレッテル

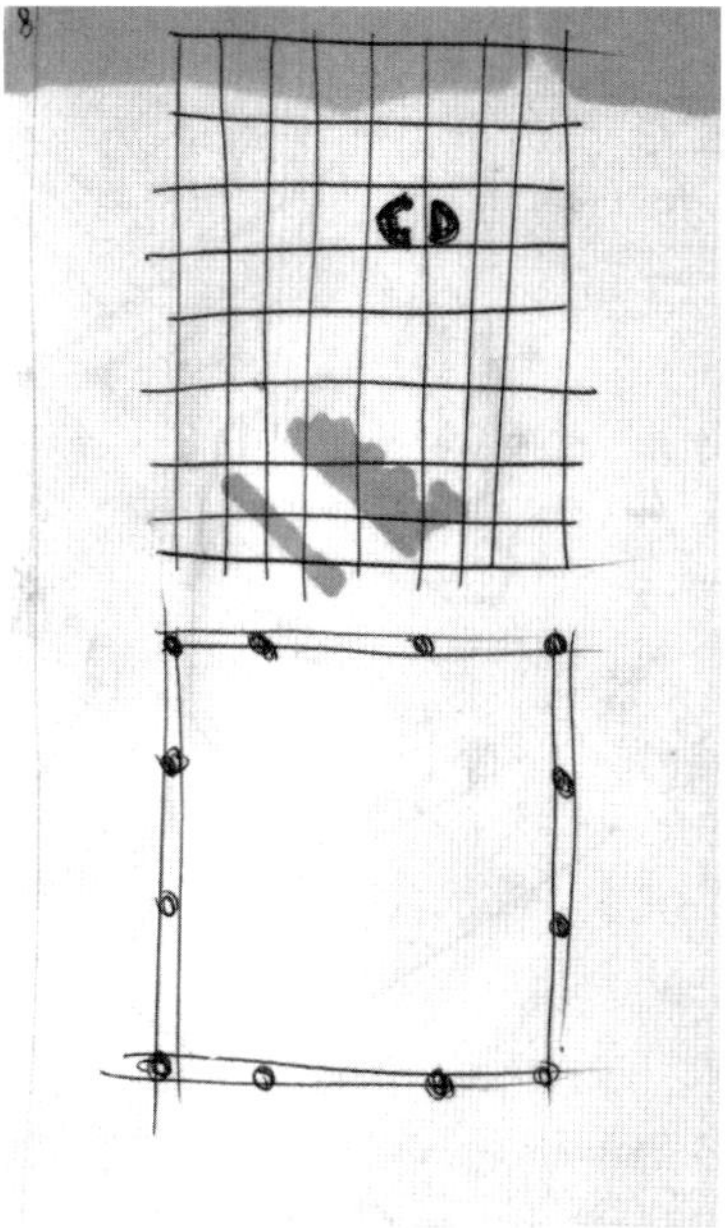

図26、27　アルド・ロッシ、一九六二年のトリノの行政センターのための設計競技案のためのスケッチ。ロッシとチームメイトのルーカ・メーダとジャヌーゴ・ポレゼッロは、非常に影響力をもつ新しい《行政センター centro direzionale》のための設計競技に参加した。彼らは、トリノにおいて都市-周辺領域という都市計画的現象が出現し、サービス部門が支配的になることに対してその応答を構想した。ロッシは、トリノのローマン・グリッドをアレッサンドロ・アントネッリの《モーレ》のドームに並置したスケッチを示した。一九世紀後半に建てられた《モーレ》は、ロッシの新しい建築のための提案図とともに示された。©Eredi Aldo Rossi.

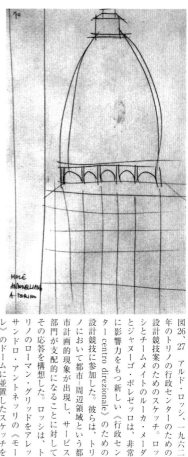

をはられた。[*24] この徹底した形態の性格によって、トリノの労働者勢力の新しい地勢が晒された都市の内部で市民的なものとして、旧市街内にある典型的な集合住宅の形を参照することが提案されたのだが、支配階級の関係者たちはそれを非難したのだった。支配階級は、行政センターが効率的、未来主義的な建築の性格、労働者のエデンの園と称するレトリックの背後で自分たちの権力を隠そうとしたのだった。[図28]

他方でロッシは、禁欲的で市民的な性格の計画案によって、抵抗する建築よりむしろひとつの権力の表現を意図していて、その権力はしかしこの配置によって都市における相手側に空地を与えた。こうして要素を対立させるという都市概念が、彼らの提案のなかで間接的であり暗示的に表現されている。ロッシは、間違いなく建築を支配階級の権力として表現した。しかし支配階級は都市構想上の決定において、敵対勢力に関する自らの位置を占める以上のことは何もできなかった。ロッシの提案は、市民の新しいモニュメント、その強く批判的な存在感によって自分たちの敵対者に直接的に起因するモニュメントを提案した。[図29] 支配者階級は、資本制都市が発展するなかで自分たちの役割に対する政治的責任を避けようとしたのだが、ロッシはこの役割を暴露しようとし、都市のすべての建物は必然的に権力の表現であることを明らかにして次のように述べる。「反体制的な建築などは存在しない。なぜなら、実現される建物はつねに支配階層の表現だからだ」[*25]。したがって、その権力の形によって提案は、権力に関する主題を、その権力そのものの形を示すことによって提案する必要があった。そのような明確な形態の提案にもとづいて政治的選択が可能となる。すなわち、共同体が「集団的に都市の一部の人々に賛成して決定し、他方を拒否するという政治的

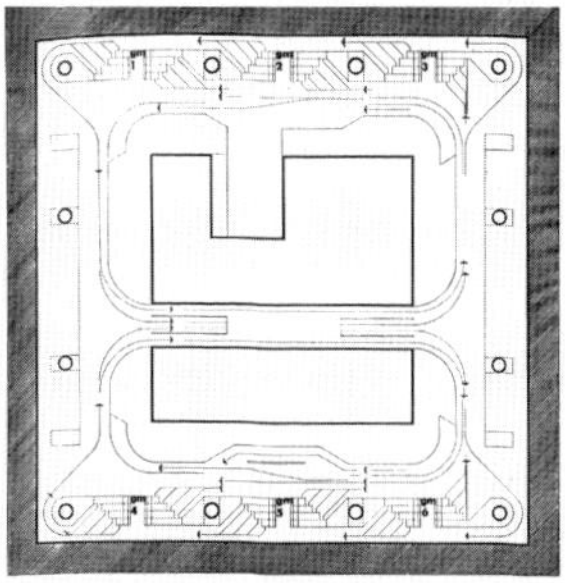

Pianta a quota + 3,00 - garages meccanici

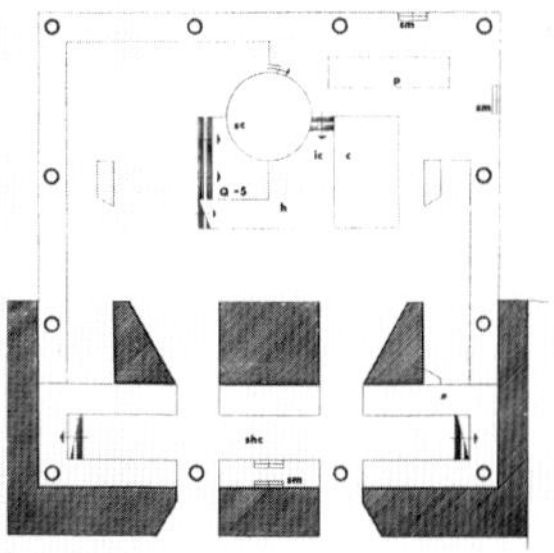

Pianta a quota 0,00

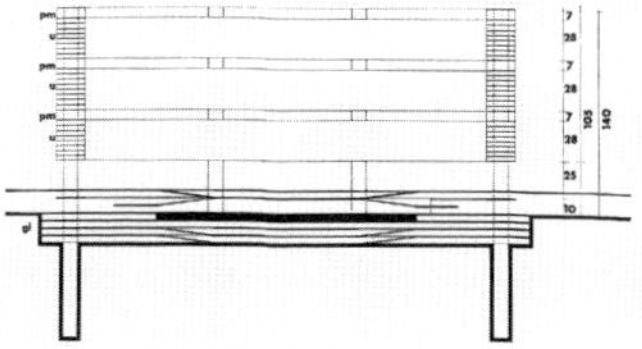

Sezione nord-sud

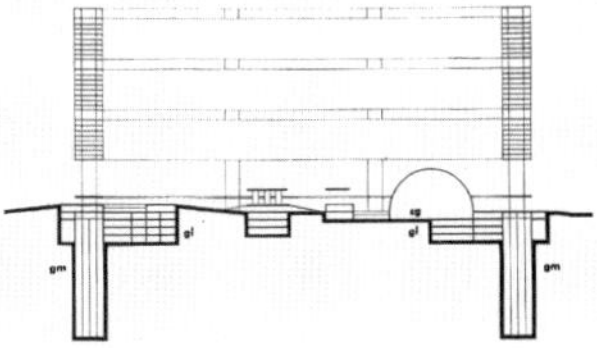

Sezione est-ovest

Pianta a quota + 3,00

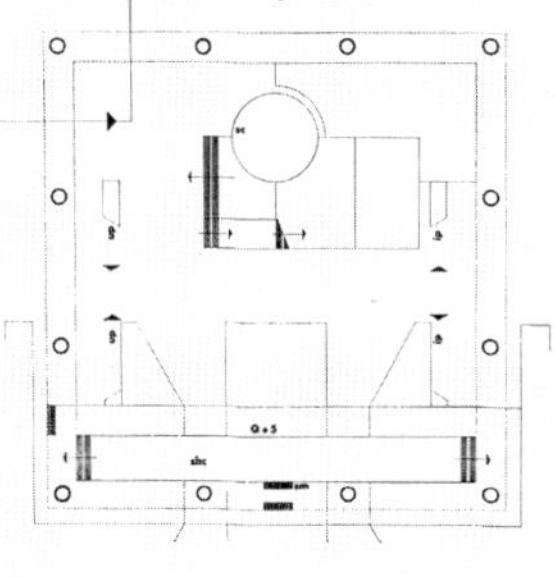

Pianta a quota + 10,00 - anello pedonale

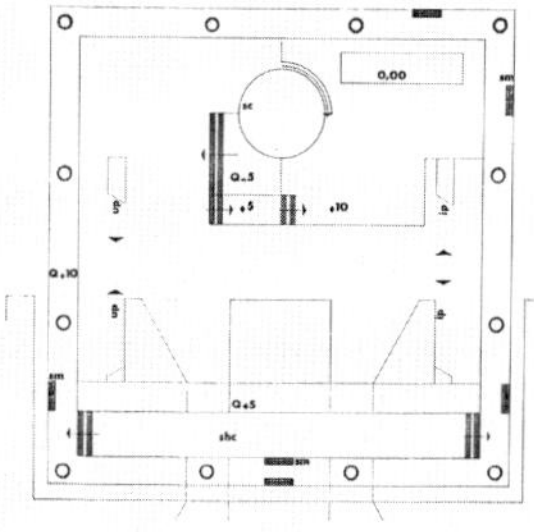

図28　アルド・ロッシ、ルーカ・メーダ、ジャヌーゴ・ポレゼッロ、《行政センター》のための設計競技のパネル、トリノ、一九六二年。平面図と断面図。ロッシ、メーダとポレゼッロは、この設計競技に提案された多くのプロジェクトのテクノ・ユートピア的特徴に反して、論議を呼ぶような方法を提案した。それは都市内部の「例外的なものとして」、またトリノのグリッドに類似するものとして意図された非常に単純な形態に還元された。プロジェクトは壮大な規模である。しかしその簡潔な形は、行政活動が都市全体に拡散することを避ける方法として考えられたものであった。Courtesy Avery Architectural and Fine Arts Library, Columbia University.

図29　アルド・ロッシ、ルーカ・メーダ、ジャヌーゴ・ポレゼッロ、《行政センター》のための設計競技提出作品、トリノ、一九六二年。模型。Courtesy Avery Architectural and Fine Arts Library, Columbia University.

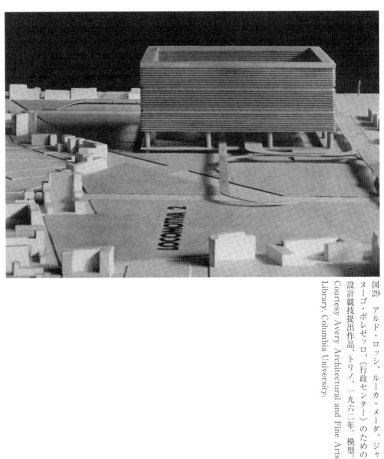

選択が可能となる」[*26]。

これは、数年後にロッシの理性主義《ラショナリズム》のプロジェクトを特徴づけることになる禁欲的、単純な形態言語の由来となる枠組みである。ロッシは、新しい技術とともに消費されてしまう新奇なスタイルとイメージを使う代わりに、厳格な形態の文法を選んだ[図30]。この形態は自身の存在以外のものであることを望まなかった。したがってそれは象徴的、地理的特異性として、都市内部の例外状態として場《locus》に関心を向け、資本主義的計画学の都市-周辺領域というオープンエンドの空間に対して異議を唱える。トロンティが主張した政治的なものの自律性は、社会の一部がもう一方に対して自律することではなく、力そのものの自立を目的としたのだが、ロッシの建築の自律性は何よりもトロンティのその自律性に類似して、加速する都市の経済成長よりも、政治性を優先させた都市概念の確立に関わるものだった。

図30　アルド・ロッシ《ガラテーゼ集合住宅ブロック》ミラノ近郊、一九六七～七〇年。カルロ・アイモニーノは、担当していたミラノ周縁地域の公営住宅のための複合建築群の一部の設計にロッシを誘った。ロッシにとっては、この設計が彼のデザイン手法の方針をまとめる機会だった。その手法は、回廊のような既存の建築様式を基本とした類型学的要素を用いて全体を構成することである。ロッシの目的は、冗長な建築のイメージから都市を解放することであり、生活のための枠組みと背景を表現する以上に、そのような役割を果たすように単純な図式的な建築を提案することだった。©Eredi Aldo Rossi.

＊1　一九六〇年代以前のイタリアにおける建築と都市の理論に寄与した重要な書籍には以下が挙げられる。Bruno Zevi, *Saper vedere l'architettura: Saggio sull'interpretazione spaziale dell'architettura*［建築を理解するために］(Turin: Einaudi, 1948); Giulio Carlo Argan, *Walter Gropius e la Bauhaus*［ワルター・グロピウスとバウハウス］(Turin: Einaudi, 1951); and Ernesto Nathan Rogers, *Esperienza dell'architettura*［建築の経験］(Turin: Einaudi, 1958).

＊2　Tronti, *Operai e capitale*［労働者と資本］, p.303 : "Sichtbar machen" は視覚化を意味する。たとえ本質的に曖昧なものを正しく解釈していない、という危険を冒しても、理解してもらうためにはっきりと述べることである。

＊3　"Architettura per i musei［美術館のための建築］" in Guido Canella et al., *Teoria della progettazione architettonica*［建築設計の理論］(Bari: Edizioni Dedalo, 1968), p.123 として発表された。

＊4　アルド・ロッシの政治活動の経歴と、共産主義文化との関わりについては、Pier Vittorio Aureli, "The Difficult Whole: Typology and Singularity of the Urban Event in Aldo Rossi's Early Work, 1954-1963［難解な全体性：ロッシの初期作品における都市の事象の類型学と特異性］", in *Log* 9 (2007), pp.20-41.

＊5　Carlo Aymonino, *Il significato della città*［都市の価値］, (Padua: Marsilio, 2000), p.4.

＊6　Aldo Rossi, "Il concetto di tradizione nel neoclassicismo milanese［ミラノの新古典主義建築における伝統概念］", *Società*［ソチエタ］, 3 (1956). Rossi, *Scritti scelti sull'architettura e la città*, (Milan: Città Studi Edizion, 1975), pp.1-24 に再掲。

＊7　Ezio Bonfanti et al., *Architettura razionale*［理性的建築］(Milan : Franco Angeli, 1973) 参照。

＊8　＊7、p.16. Aldo Rossi, Introduction［序］

＊9　「テンデンツァ Tendenza」はグラムシが用いた言葉である。この語は支配階級の覇権の方向性を表現する文化運動の潜在能力に起因する。

＊10　Bruno Gabrielli, "Una esperienza con Aldo Rossi［アルド・ロッシとの経験］", in Salvatore

Farinato, ed., *Per Aldo Rossi*［アルド・ロッシに］(Venice: Marsillo, 1997), p.34.

*11 Giorgio Piccinato, Vieri Quilici, Manfredo Tafuri, "La città-territorio verso una nuova dimension［新しい特性に向けた都市–周辺領域］", *Casabella continuità*［カーザベッラ・コンティヌイタ］270 (1963), pp.16-25.

*12 一九六二年一月に、マッジョーレ湖に面したストレーザの町でジャンカルロ・デ・カルロとロンバルディア経済・社会研究センター Istituto Lombardo per gli Studi Economici e Sociali, ILSES が主催した「都市の新しい特性」と題する重要な会議が開催された。都市–周辺領域という分類は、会議中のイタリアの都市に関する討論においてはじめて「確立」された。翌年開催されたアレッツォのワークショップの指導者の多くが出席し、ロッシも参加していた。アレッツォのワークショップはストレーザの会議をフォローアップするものと理解されていた。Giancarlo de Carlo et al., *La nuova dimensione della città: La città-regione*［都市の新しい特性：都市–周辺領域］(Milan: ILSES, 1962).

*13 Claudio Greppi, Alberto Pedrolli, "Produzione e programmazione territoriale［生産と領域計画］", in *Quaderni rossi* 3［クァーデルニ・ロッシ］(1963), pp.94-101.

*14 "Casa a chi lavora［働く人のための住宅］"は INA-Casa のような住宅プログラムのおもなスローガンであった。

*15 *13、p.95.

*16 Ibid., p.95.

*17 二〇〇七年一〇月のアウレーリとのインタビューで、グレッピは次のような意見を述べている。「初期の論文と代表著書『都市の建築』を発表した時期は、ロッシは建築作品では有名ではなかったが、都市地理学にもとづいた都市に対する特殊な読解で知られていた。当時流行していた盲目的でテクノクラティックな方法論は、一方は都市–周辺領域の方法論と街並み景観であり、他方はメガストラクチャーであるが、彼はこの二つの都市理論に帰しえない方法で都市を読解していた」。

＊18　Aldo Rossi. *The Architecture of the City*［都市の建築］. trans. Diane Ghirardo and Joan Ockman（Cambridge, MA: MIT Press, 1982）, p.103.

＊19　『都市の建築』のタイトルに対するロッシのアイデアは、チェッカレッリに示唆されたものだった。『都市の建築』は一九五〇年代終わりから、とくに一九六〇年代はじめまでのロッシの理論研究を要約したものである。チェッカレッリによると、ロッシの最初のアイデアは建築物の分類的特性 Caratteri distributive degli edifici の講座で、アイモニーノの助手として行った類型学についての講義内容を出版することであり、講義のひとつでもあった「建築研究のための基盤としての都市 La città come fondamento per lo studio deigli edifici」を書名として考えていた。チェッカレッリは、MIT で勉強しケヴィン・リンチと頻繁に連絡をとりあっていた時期の一九六三年から六四年にかけて、リンチの著書『都市のイメージ』をイタリア語に翻訳して、その二年前に共同設立した小さな出版社マルシリオ Marsilio によって刊行した。チェッカレッリは、リンチの理論を発見したことをロッシに伝え、同じ野心的な視野でマルシリオのために本を書くことを提案した。ここでマルシリオの話をすることは無駄ではないだろう。というのは、それは都市文化とオペライズモの興味深い共通点を示すからだ。マルシリオは、一四世紀パドヴァの高名な哲学者でありまた法学者であった人物の名前にちなんでいて、彼は、カトリック教会の世俗的権力に対して厳しく批評していた。出版社は一九六一年、パドヴァの若い知識人による小さいグループによって創設された。そのグループには、チェッカレッリのほかにアントニオ・ネグリも含まれていた。知識人たちは当時、カトリック運動の「インテーザ intesa」というイタリア・カトリック大学連合 Federazione Universitaria Cattolici italiani, FUCI の支部に関わっていて、同時にパンツィエーリの新資本主義批判に影響されていた。パンツィエーリはその後、ネグリを『クァーデルニ・ロッシ』グループに誘った。マルシリオの目的は、イタリアの産業構造の変換を扱うことと、その批評的解釈のための画期的、理論的な構想を示すことであった。リンチの『都市のイメージ』とロッシの『都市の建築』はともに、出版社の同じシリーズのなかで刊行された。リンチの書籍は一九六〇年代初期の楽観主義の風

潮のなかで刊行されたが、ロッシの著作の時期は一九六四年から六五年にイタリアで始まった経済危機と政治危機の発端に特徴づけられた。ところで、チェッカレッリは、ロッシの「集学的（多領域にわたる学問分野）」な方法論では、伝統的で専門化された出版社のなかから適切な版元を見つけることができないだろうと考えた。そのために、先に述べたようにチェッカレッリはロッシに『都市の建築』をマルシリオから出版するように提案したのだった。二〇〇七年一〇月、アウレーリが行ったパオロ・チェッカレッリとのインタビュー。

＊20　Aldo Rossi, Gianugo Polesello, Emilio Mattioni, Luciano Semerani, "Città e territorio negli aspetti funzionali e figurativi della pianificazione continua［継続的都市計画の機能的・形態的観点における都市と周辺領域］", in *Atti del X convegno dell'Istituto Nazionale di Urbanistica*［イタリア都市計画学会第一〇回報告］（Trieste: INU, 1965）, pp.286-300.

＊21　Ibid., p.290.

＊22　Ibid., p.292.

＊23　Ibid.

＊24　Gianugo Polesello, "Ab initio, indagatio initiorum: Ricordi e confessioni［初めに　起源研究：追憶と告白］", in Pisana Posocco, Gemma Radicchio, Gundula Rakowitz, eds., *Care architetture*［懐かしい建築たち］（Turin: Umberto Allemandi, 2002）, p.16

＊25　＊18、p.116.

＊26　Ibid.

アルキズーム：理論の自律性 対《versus》 大都市のイデオロギー

同じくオペライスタの闘士《ミリタント》であるクラウディオ・グレッピは『クァーデルニ・ロッシ』で都市−周辺領域理論を批判した筆者の一人である。彼は一九六五年、その批判の二年前にフィレンツェ大学建築学部で挑発的なディプロマを提出した[図31、32]。そのなかには、当時イタリアでもっとも重要な繊維工業地域として発展した、フィレンツェとプラートの間に広がるフィレンツェ平野 Piana di Firenze が含まれていた。グレッピの計画のなかで、フィレンツェ平野は巨大工場として視覚化された[*1]。彼は、工場としての社会というトロンティの理論を都市に応用してプロジェクトを構想した。これまで述べたように、トロンティの理論は生産の概念を工場を超えて社会との関係にまで拡張するものだった。

資本制による統合のプロセスによって、生産センター周囲に集まるグループとしてのプロレタリアートは消滅して、社会全体がプロレタリアート化した。このような変質は居住環境を含む生活面すべてに影響を及ぼしていて、グレッピによれば都市の労働地勢を根本的に変えたのだった。財の蓄積の場としての都市中心部と生産の場としての郊外という概念は、等方的に拡張していくプランのなかで生産と蓄積が一致するモデルにおきかえられた。ブルジョワ・イデオロギーの都市は、様々な伝統的造形と空間的な形態で表現されるが、グレッピはそのような表現から最終的に解放される手法としてこの等方位のプランを構想した。それどころかこのプランは、一方の労働者

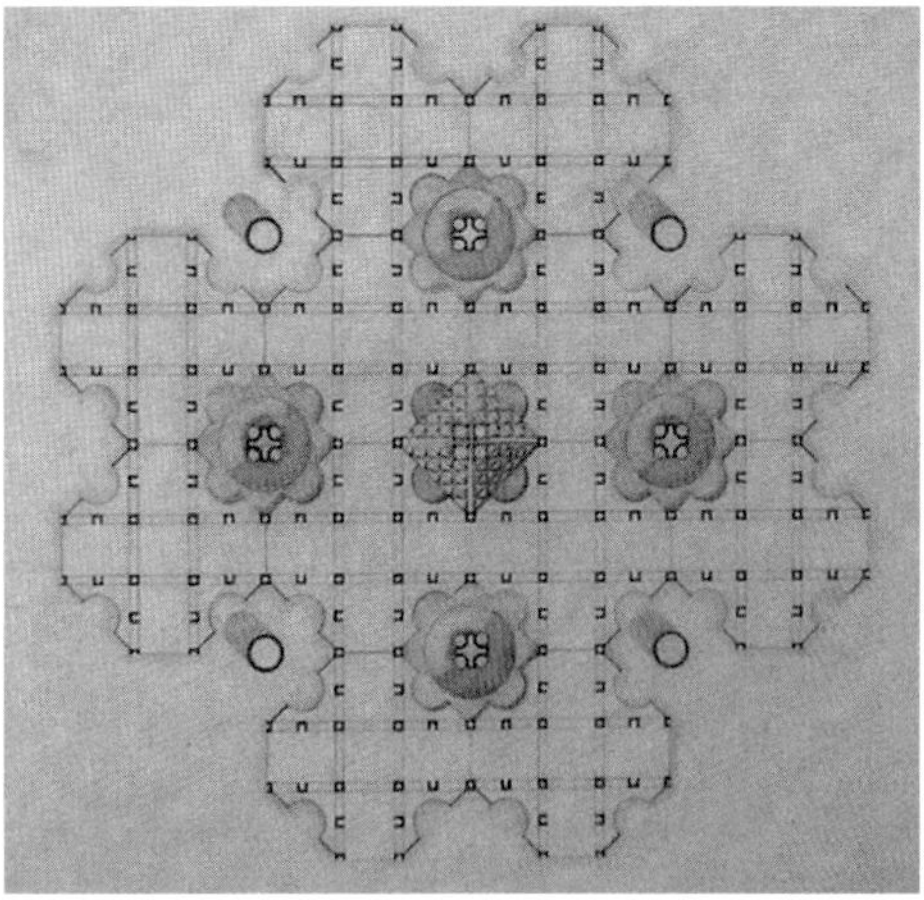

図31、32　クラウディオ・グレッピ《プラート近郊の工場》のための卒業計画、一九六四〜六五年。一般平面図と一ユニットの基準平面図。グレッピは、マリオ・トロンティのグループであるクラッセ・オペライア、そして後のポテーレ・オペライオの闘志あるメンバーだった。彼は労働者階級の都市のようなものではなく、既存都市の労働者階級に対して批判したフリードリヒ・エンゲルスの論文を取り入れ、またトロンティによる工場としての社会という仮説をとりあげた。彼の卒業計画は、現代都市の「現実の」形として工場そのものを提案することよって、生産-消費のネットワークを極端に拡張したものである。グレッピのプロジェクトは、ルイス・カーンの建築と丹下健三の《東京湾プロジェクト》にもインスピレーションを受け、都市を水平と垂直のインフラとして単純化したものである。しかし彼のプロジェクトはその参照作品と異なり、進歩主義的、あるいは人文主義的野望もなく、資本主義が課す都市状況を可視化する野望だけがある。アルキズームのノー・ストップ・シティに決定的な影響を与えた。Courtesy Claudio Greppi.

と他方の資本が「最高レヴェル」で衝突する状況を用意し、都市のインフラすべて、都市そのものを巻き込むものだった。

グレッピは、ディプロマのフィレンツェ平野を現代の都市改造プロセスの縮図として解釈した。彼はこのプロセスを目の前にして、都市理論としてそれを徹底させた結果として唯一考えられうるプロジェクトは、労働者がこの理論を奪取することであると考えた。このようにグレッピのプロジェクトは、市街化された地域が資本制の側に有利に開発されることに対する非難というよりむしろ、労働者が潜在的にそれを制御できるように考えだされた計画だった。グレッピにとってフィレンツェ平野は、土地開発の拡散的で高度なシステムを提示するもので、そのシステムは攻撃的な言葉遣いで理論化され、ひとつの対抗案となりうるものだった。それは現代労働者の都市であり、労働者自らの決定的な政治的権限を意識していく場だった。

グレッピのディプロマは都市-周辺領域の概念に対する彼の批判をはっきり示していて、アルキズーム・グループが結成される一年前に発表されていた。アルキズームは、建築学科の同窓生であるアンドレア・ブランジ、ジルベルト・コレッティGilberto Corretti（1941-）、パオロ・デガネッロPaolo Deganello（1940-）とマッシモ・モロッツィMassimo Morozzi（1941-2014）で構成されている。一九六八年には、インダストリアル・デザイナーのダーリオ・バルトリーニDario Bartolini（1943-）とルチーア・バルトリーニLucia Bartolini（1944-2009）も加わった。グレッピの卒業設計は、アルキズームの《ノー・ストップ・シティ計画案》のきっかけになったと私は思う。[図33、*2] グレッピは当時、フリードリッヒ・エンゲルスの論文「住宅問題The

Housing Question」[〈1〉]をフィレンツェ大学の学生たちと回し読みをしていた。[*3] マルクスの共著者によるこの論文は、労働者階級の大都市について論じるのではなく、既存の大都市における労働者階級批判にすぎなかった。学生たちがこの論文をとりあげたのは、ブルジョワ都市が民主的に改革され、改善されうるという能天気《ナイーヴ》な幻想と闘うためだった。この幻想に対して、グレッピとアルキズームのメンバーのような急進左派たちは、オルタナティヴな都市計画案のプロジェクトの提示も、また既存都市の批判すらも行わなかった。彼らはむしろ、支配的な資本制の都市的性格をもつ形態に展開するような都市理論をつくることを選んだ。[図34] グループの分析によると、現状に対する徹底した批判としてのその理論に対抗する唯一の方法は、資本制の擁護者と自由主義改革派による妥協的な戦術を避けること、そして労働者の考え方を取り入れることである。都市の理論は、労働者たちが都市を奪取する可能性を投影すべきものであると彼らは信じていた。資本主義改革をおしすすめ、そして資本制的発展に影響を及ぼすブルジョワ権力の中心にある「敵と調整し、バランスをとる」というイデオロギーと関係を絶つべきだ。アルキズームは『カーザベッラ』で「都市、社会問題のアッセンブリーライン：大都市のイデオロギーと理論 Città, catena di montaggio del sociale : Ideologia e teoria della metropoli」というタイトルでノー・ストップ・シティの理論を紹介し、批判する目的を次のように説明した。

近代都市は資本から生まれ、資本の論理のなかで成長した。資本は都市にその一般的なイデオロギーを規定して、次にその発展と輪郭を条件づける。この一般的な

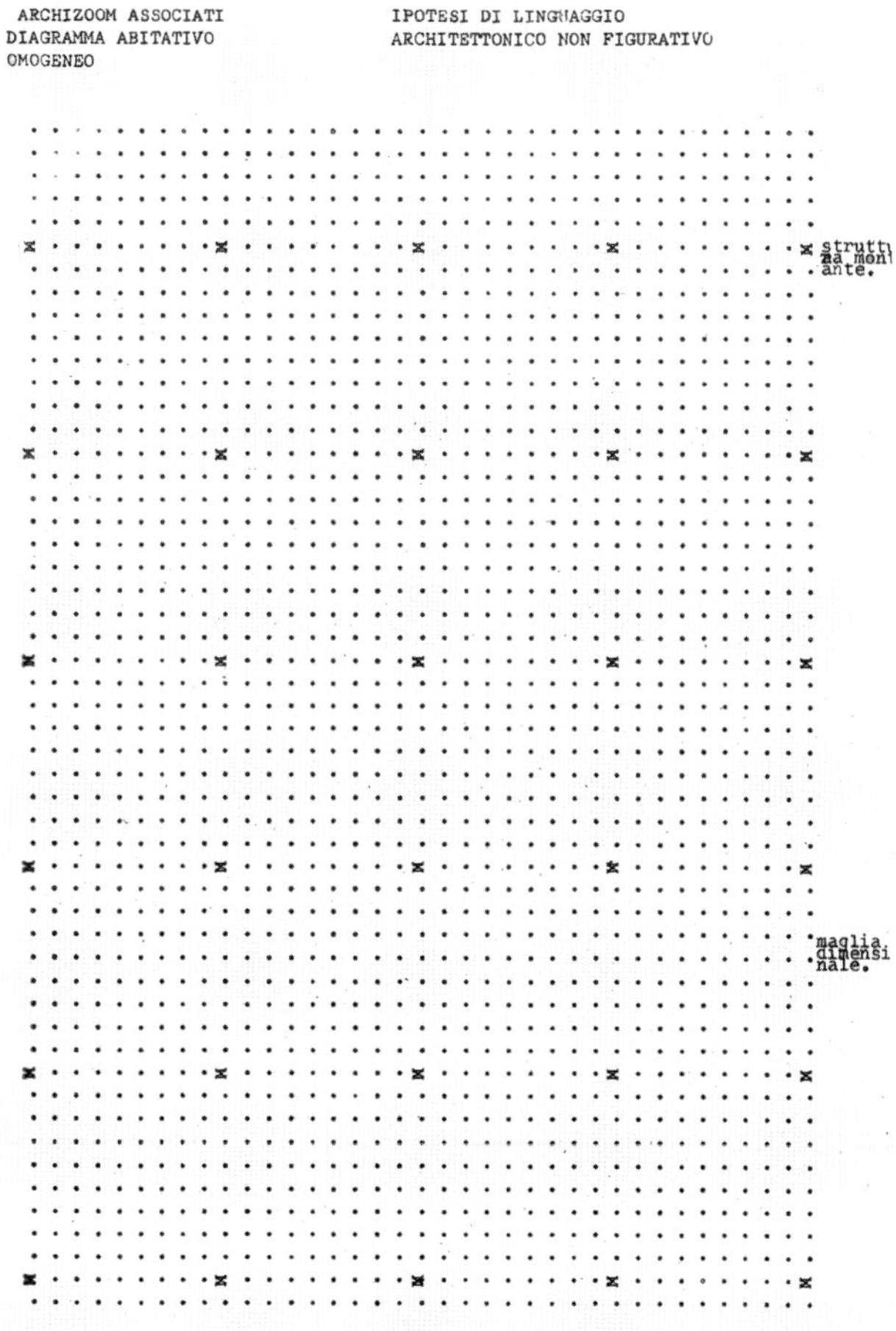

図33　アルキズーム・アソチャーティ《ノー・ストップ・シティ》一九六八～七〇年。均質な住居のダイアグラム。グレッピの工場-都市のプロジェクトはルイス・カーンの形象的形態を想起させるが、アルキズームのノー・ストップ・シティはヒルベルザイマーの完全に抽象的である建築研究を追求し、非具象的な建築-都市言語のための仮説を示した。この初期のドゥローイングは、点のフィールドとして分類され、労働を再生産する下部構造的な能力を示すまでに都市を還元した。

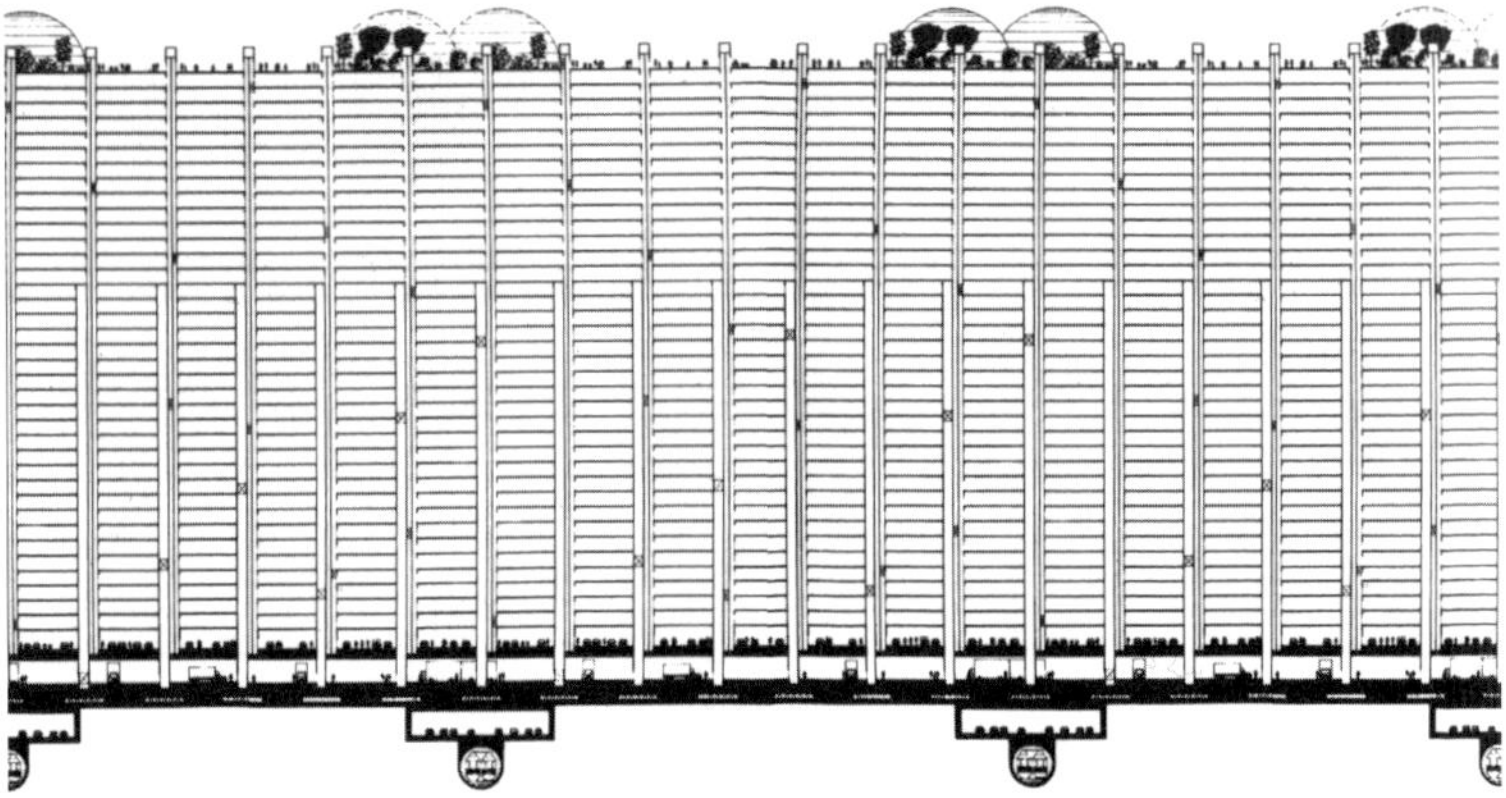

図34　アルキズーム・アソチャーティ《ノー・ストップ・シティ》一九六八〜七〇年。都市の断面図。当初、プロジェクトはヒルベルザイマーの水平都市を再構築し過激化するものとして構想された。活動は水平に連続的に積み重ねられ、すべての具象的イメージは抑制された。アルキズームが一九七一年の『ドムス』で挑発的に論じたように、「都市はもはやシステムを〝表象する〟のではなく、システムそのものとなりプログラム化され等方的となる」。©ADAGP, Paris & JASPAR, Tokyo, 2018 G1370

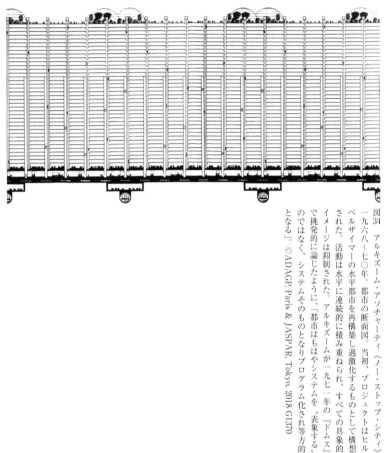

イデオロギーの政策は「敵とバランスをとる」ことである。それは経済的要求と関連して追求され、都市事業計画との関わりで「事実上つくられた」ものである……。何よりもまず、労働者階級の大都市は存在しないことをいわなければならない。近代資本主義都市の誕生によって、都市が自律した政治性の成長（労働者階級そのもののための潜在的な何か）を実際に享受できるのではない。そうではなく、その誕生によってイデオロギー的な曖昧さが残されたときに、議論を学問的に展開する特性を獲得するのにすぎないのだ。したがって今述べていることは理論であり代案ではない。ちょうど階級にもとづいた経済はなく、都市計画の階級批判のみが存在しうるというように。この試みを進展させるために、私たちは専門分野特有の幾何学言語とともに古典的な書き言葉を用いてきた。[*4]

一九七〇年代から八〇年代にかけて、とくにインダストリアル・デザインの分野で活動した建築家とデザイナーで編成されたアルキズームのグループは、イギリス人グループのアーキグラム〈2〉に対する批判的で皮肉な「パロディ」として活動を始めた。[*5]アーキグラムにとって、技術は勇気ある新しい世界のイメージを描くための手段であり、文化面では進歩主義的であり政治面では中立である創造の手段であった。他方で、アルキズームは革新的な技術を土地に適用することによって、資本主義都市に対する理論的な問いかけをしようとした。アルキズームの作品で具現化されたように、建築的な課題は、都市の産業的発展をアイコン的に表現することではなかった。その課題はむしろ、資本の歴史的発展の結果として都市の解体をわかりやすく解説する自律性の理論によって、都市のイデオロギーを解明することだった。

このように考えるとブランジは、一方ではロッシが取り入れた建築プロジェクトの役割としての理論、他方ではトロンティの事象の可視化 sichtbar machen という考えを極論までおしすすめたといわれるかもしれない。事象の可視化とは、イデオロギーに理論を対立させることを意味する。トロンティにとっては、それはつねにブルジョワ・イデオロギーだった。そしてその理論とは、資本制的生産が確立した空間の関係性を客観的な言葉で表すことである。したがって、ブランジとアルキズームにとっての自律性のプロジェクトは建築形態の自律性ではなく、むしろ都市の資本制的発展から受け継いだミスティフィケーション《詭弁》から、理論を潜在的に自律させることを目指したものだった。アルキズームは、ブルジョワ階級の歴史的宣言を反映したかのような慰めの、埋め合わせの気持を表すかのようなその都市の新古典主義の様式建築に対して、資本の邪悪な権力を示す意識的で冷笑的なリアリズムで対抗しようと努め、そして客観的にいうならば理論が実際の対抗手段となり、そのことによって労働者階級が支配し権限を獲得できるという考えが前提になるように努めた。そのようなアルキズームの構想《プロジェクト》は、彼らが主張したように新しい「未開の現実」という形を帯びて、資本制がもっとも発展するところに挿入された。

このようにして、ノー・ストップ・シティは、少なくとも初期段階ではアルキズームが未開の現実の可能性についての理論上の試金石として意図されたものだった。その理論とはすなわち、未開の現実が唯一の未完のインテリアとして構想された都市において生じうるという理論である。そしてその内部においては、すべての居住機能が極限にまで技術開発され展開した。アルキズームは、高度な技術開発と未開の人間性を共存させた。さらに彼らは「労働者階級は発展に対する負の引き金である」というトロンティの政治理論から直接派生したと考えられる言葉によってその共存性を発展させ、次のように説明した。

この「未開の」現実、資本が支配、あるいは包含しようとする対象は、毎回前方へと跳躍して、また同時に合理的メカニズム内部の異物による曖昧な目的も表している。正確にいうと、この未開の現実のなかでもっとも重要なものは労働者階級である。労働者階級は労働力として資本のもとで出現したが、実際は資本のオルタナティヴを表している。[*6]

こうしてアルキズームは、資本制都市のオルタナティヴとして、その都市の生産者、すなわち労働者階級が都市を代替的に活用することを考えた。このことを理由として、都市は開発のもっとも進んだ段階に、つまり、滑稽なまでに極端に進めて、その結果がシステムそのものによって制御されなくなるまで理論化されなければならなかった。「唯一このような方法によって、つまりシステムの中枢部を狂わせることによって〝資本〟のプロセスの連続性とそのつながり全体を分断できるのだ」[*7]。こうしてアルキズームの理論は、トロンティが労働者階級闘争について構想した理論に接近する。これまで述べたように、その階級闘争の原則は労働者と生産システムの矛盾を解決することではなく、その矛盾を活用することだった。労働者はそうするために、労働者の権力獲得によって最終的な政治的勃発を引き起こすまでにシステムを刺激しなければならなかった。

このような理由から、ノー・ストップ・シティはすべての特質が剥ぎとられた建築として読解され、新規利用のために用意されるシステムを厳格に表現するまでに還元されるべきだった。プロジェクトは、一連のドゥローイングと取扱説明書の形式で示されるテクストで構成された。アルキズームは、都市の利用についての理路整然とした仮説をテクストによって提案したが、ドゥローイングは批評の自律的、規律的な性質を強調していた。平面図、断面図、ダイアグラム、パースペクティヴと模型では、インフラの組織網で均質となった最小限の都市環境が描かれていた。初期のドゥローイングは点によるグリッド・タイプで、支持構造とエネルギーのプラグインのための基本構成を図示している。その表現は、資本制のテクノクラートの権力をもっとも単純に、できるかぎり「非造形的な」図式に簡略化させている。建築は、歴史的に様式建築のような装飾などの過剰な表現によって視覚的に技術を具現化しがちであるが、アルキズームのドゥローイングはそのような表現を揶揄するように拒絶したのだ。

アルキズームによると、都市とはその過去の行為の結果である。空調整備された空間と「五〇ｍごとの浴室」のある、建築的に零度に還元された都市そのものが再生産する組織網にすぎないのだ。このことはようするに、都市が労働力を再生産するための前提条件にすぎないものであり、イデオロギー的な前提条件を隠ぺいするいかなるミスティフィケーション《ごまかしの表現》も取りのぞかれることを意味する。このプロジェクトの議論の趣旨はまったくもってあきらかである。アーキグラムの名高いグラフィックや日本のメタボリストのテクノクラート的 technocratic 未来主義〈3〉とは対照的に、アルキズームは ohne Eigenschaften〈4〉、つまり特徴のない、冷たい、新古典主義的で建築のない都市を提案した。というのは、都市そのものが巨大で無限の建築にすぎないからだ。アルキズームは、その都市の原型が伝統的生産形態（工場）でも伝統的消費形態（住居）でもなく、単一の都市機能においてそのふたつが同所共存するもの、駐車場、倉庫、購買施設、つまりスーパーマーケットであると考えていた。[図35]

工場モデルと消費モデルがひとつになる唯一の場所はスーパーマーケットである。これは現実的なヤードスティック《評価基準》であり、したがって現実性のある未来都市のモデルである。均質なユートピア的構成で、プライヴェートのための機能があり、消費を合理的に純化させたものである。これは最小限の努力に対する最大の成果である。スーパーマーケットは、イメージフリーの都市–建築構造体の登場の前兆を示すものであり、しかしそれはまた最適な商品情報システムを提供するものである。つまり、そのシステム内部で商品の均一性が直接つくりだされるのだ。すべての現実のデータを均質に混合したものであるから、もはや「ゾーニング計画」の必要はない。スーパーマーケットは様々な「土壌」の文化、すなわち都市文化と農業文化が境界を超える実験場となる。スーパーマーケットでは、立面図はまさに農業と同じように現実を純粋に、機能的に蓄積することによって形づくられる。「ランドスケープ」はもはや外的現象として存在しない。なぜなら、資本の深い本質によって形態が自由となり、潜在する合理性すべてを表すからだ。[*8]

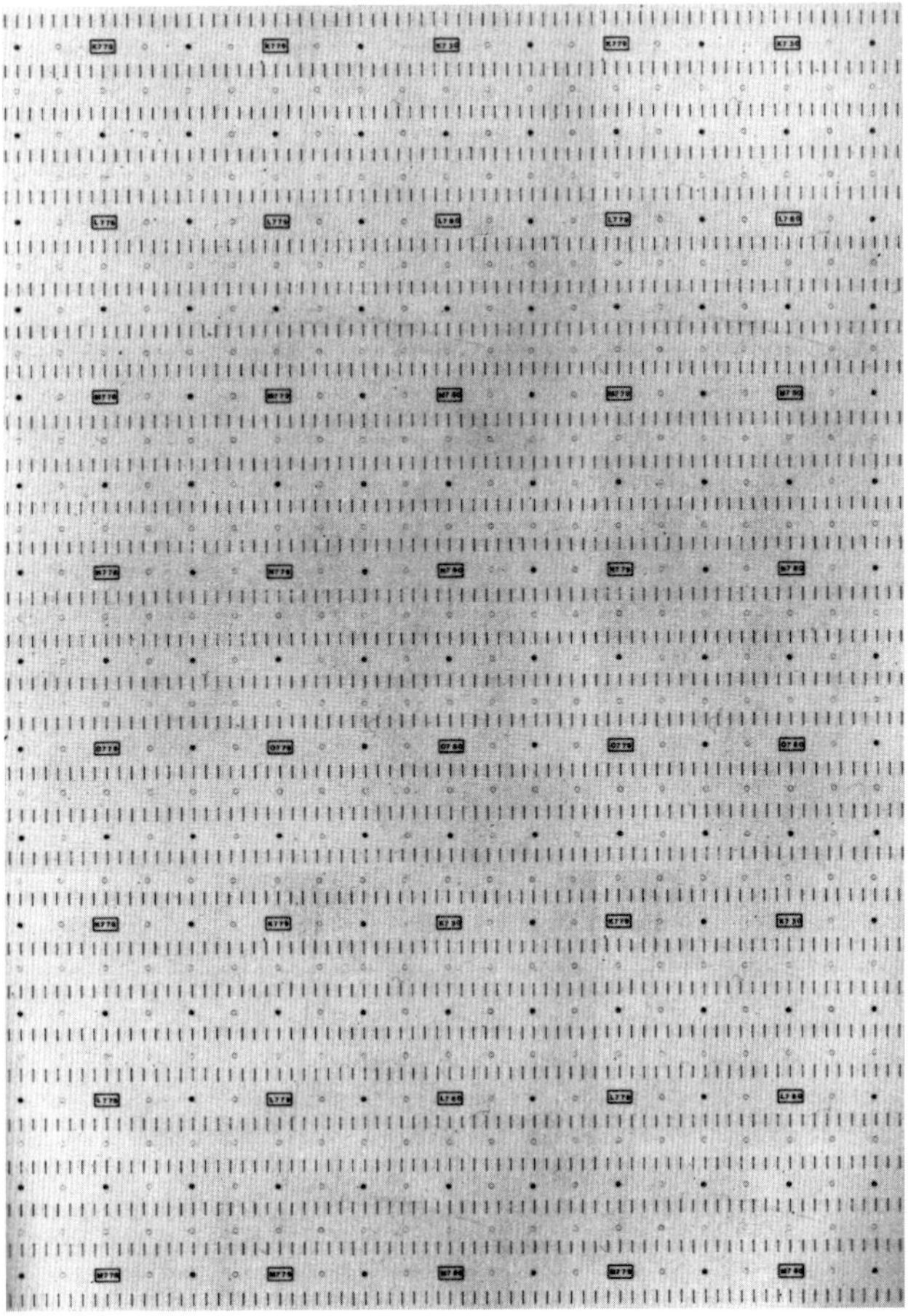

図35　アルキズーム・アソチャーティ《ノー・ストップ・シティ》一九六八～七〇年。ドゥローイングは、駐車場とスーパーマーケットとして設計された住居地区を示している。アンドレア・ブランジはノー・ストップ・シティの発端についてのコメントとして次のように記している。「アルキズーム・グループの独自性は、社会主義的リアリズムとポップ・アートを結びつける事実においてまさに存在するのだ。というのは、このふたつは過激で極端な態度から現れ、そのスタンスにおいて政治的なアヴァンギャルドの趣意が、芸術的アヴァンギャルドのそれと重なるからだ。労働者階級主義と消費者主義は、マリオ・トロンティとアンディ・ウォーホルだ。対立する世界であるが、それほどかけ離れていないのだ。両者とも〝より多くの金を稼ぎ、より働かない〟という唯物主義的論理にしたがっている」。©ADAGP, Paris & JASPAR, Tokyo, 2018 G1370

ブランジがたびたび回想するように、ノー・ストップ・シティの切り詰めた言葉遣いは、近代建築の厳格で理性主義的な遺産を滑稽なまでに徹底させていた。そして同時期にロッシは、この同じ遺産を回復しようとしていた。ブランジたちが、ノー・ストップ・シティにおいて重要であると考えて参照したものが、ヒルベルザイマーの都市研究〈5〉だったことは明らかである。同時期に、ロッシと親しい建築家のジョルジョ・グラッシ〈6〉もヒルベルザイマーを再発見していた。一九六七年に、グラッシはヒルベルザイマーの最新作『計画学概念の発展 *Entfaltung einer Planungsidee*』のイタリア語版を編集し紹介した[*9]。ヒルベルザイマーの『大都市建築』は、一九六〇年代の絵画的な都市のユートピアと比較して、資本が都市の現実を制御することを完全に容認するという構想として著された。一方で、その建築形態は徹底して教訓的であり、その「非人間的な」簡潔さによって、表層的な表現から神秘性を除いたものだった。ヒルベルザイマーの魅力は、彼の論文が一貫して厳密なことであり、そしてル・コルビュジエ Le Corbusier（1887-1965）といった著名な近代建築運動の建築家が行うようなプロパガンダから遠く離れたスタイルだったことである。ロッシ、グラッシ、そしてアルキズームといった一九六〇年代のイタリアの若手建築家と同じように、ヒルベルザイマーは多くの著作を残した文筆家であり、反抗的な建築実務家だった。彼の論文に見られる非常に洗練された都市理論は、彼の簡潔なプロジェクトとは著しく対照的である。

ロッシとグラッシは、ヒルベルザイマーの建築の断固とした簡潔性が都市の公共建築と都市住民のための建築の参考になると考えていた。しかしブランジは反対に、その形態の簡潔性によって、都市に出現するプロレタリアートが専有する、システムとしての利用価値を示すにすぎない程度の都市が現れると考えていた。私たちは建築によって都市の象徴的な特質やそのイメージを与えようとするが、ブランジはヒルベルザイマーの論文『大都市建築』と、なかでもアメリカ都市のための研究とプロジェクトが建築のない都市を表現すると理解していた（図36、37）。このことを理由に、ブランジとアルキズームの表現技術は、ヒルベルザイマーの大都市のためのモノクロの透視図と、アメリカ郊外のための計画案に見られる反復パターンをはっきりと受け継いだように思われる。アルキズームとヒルベルザイマーの冷たい都市表現はともに、建築上のいかなる表現主義の意志表示すら取り除こうとする最大限の努力を柱、壁、エレベーター、そして家具といった建築記号のみがつくるイメージと逆説的に結びつけるのだ。ブランジは、このような記号はイメージ、すなわち認知可能ないかなる価値や都市住民の象徴的表現からも解放された都市を絶対的に最小限にさせる表現であると考えていた。近年、ブランジはノー・ストップ・シティについて次のように記している。

　非表現主義で張り詰めた緊張感のある建築の概念、そしてシステムの論法を拡張した結果とその階級的対立は、私たちが関心のある唯一の近代建築である。人々を解放する建築であり、大衆民主主義に対応し、人民《demos》と権力《cratos》、つまり人々と権力が欠如した求心性もイメージすらもない建築である。社会は、人道主義的社会主義と修辞学的革新主義という修辞的な形式から解放される。それは灰色で美的感覚を

図36　ルートヴィヒ・ヒルベルザイマー《水平都市のためのプロジェクト》一九二四年。東西に走る通りからのパースペクティヴ。ヒルベルザイマーは、一九六〇年代中ごろにその禁欲的な形態言語と都市についての洗練された論文によって、若手イタリア建築家の間でカルト的存在となった。ドイツ建築家のこの提案の資本制都市に関する非妥協的な態度によって、若手建築家は大都市を鋭利で的確に観察するようになった。それは、ル・コルビュジエのような近代運動の主唱者たちをロマンティックに、幻想的に称えることと対照的であった。ヒルベルザイマーの水平都市は、アルキズームのノー・ストップ・シティの出発点だった。フィレンツェの若手グループは、水平都市には演劇性がまったくないこと、そしてその抽象的な性質を称賛した。アルキズームは、一九七〇年代の『カーザベッラ』にノー・ストップ・シティのための初期の仮説を発表し、トーマス・マンの小説『大公殿下 *Royal Highness*』（一九〇九年）からの一節を引用した。「時刻は平日の正午である。季節は問題ではない。天気は穏やかである。雨は降っていないが、空は明るくない。一様な明るいグレーで、けだるく陰鬱で、そしてすべての神秘、すべての個性を奪う鈍く落ち着いた光のなかに通りがある」。

図37　ルートヴィヒ・ヒルベルザイマー、福祉都市の六層に積み上げられたユニットの摩天楼の模型を前にして。

欠いた脱・脚色性の産業主義という論理を恐れずに見据えた建築である。ポップ・アーキテクチャーの色彩豊かなヴィジョンは、ルードヴィッヒ・ヒルベルザイマーの無慈悲な都市のイメージへと、決まった特質のない人々のために計画された特質のない都市、自由であり、したがって自律した方法で創造的、政治的、行動的なエネルギーを表現するための都市のイメージへとおきかえられた。もっとも可能性のある自由は、もっとも強く統合するところで生じる。……疎外は新しい芸術の条件である。[*10]

このような考えにおいて、アルキズーム・グループの作品と現代都市の生産形態に関する包括的、理論的な展望を解放し徹底させたその作品の自律性の解釈は、他の建築家やスーペルストゥディオのような同時代のグループとはあきらかに異なる。たとえ両者が「ラディカル・アーキテクチャー」というプロモーションのためのレーベルのもとで後に接触したとしても、である。アルキズームとスーペルストゥディオは文化的にも世代的にも近い関係で運動を開始し、また文化的、政治的に同じ環境を吸収していた。しかし、スーペルストゥディオが半分はアイロニカルに、半分は真面目に大量消費の形式を超える方法として、またそれを切り抜ける方法として、沈黙した儀式主義的建築の原型の再発見に関心をもっていた一方で、アルキズームはすべての価値、すなわち前時代的な都市の象徴と儀式すべてをニヒリスティックに破壊するものとしての大都市を考えて、首尾一貫した、時に抒情的に、そして冷笑的な理論に発展させることに専念した。スーペルストゥディオが「コンティニュアス・モニュメント Continuous Monument（連続するモニュメント）」のためのプロジェクト〈7〉で都市のない建築のイメージを示す一方で、アルキズームは反対に建築のない都市のための前提条件を研究した。

この点において、アルキズームがヒルベルザイマーの客観主義を再解釈したことは『コントロピアーノ』にタフーリが寄稿した論文「建築イデオロギー批判 Per una critica dell'ideologia architettonica」のなかでヒルベルザイマーを評価したことと、たとえそれがまったく異なる結論であったとしても非常に似ている。フィレンツェのアヴァンギャルド、とくにアルキズームに対するタフーリの敵意はよく知られていた。しかし、アルキズームのノー・ストップ・シティに関する初期の論考が一九七〇年の『カーザベッラ』〈8〉と一九七一年の『ドムス』〈9〉で発表され、タフーリの建築イデオロギー批判が『コントロピアーノ』に発表されたという状況を鑑みると［図38、39］、タフーリのこの敵意はいささか意外に思える。アルキズームのメンバーは、『カーザベッラ』の提案においてタフーリの論文を参照しただけではない。ブランジとタフーリは、ともに大都市空間の形態上の解体に近代建築のイデオロギーを対立させた。そして同じように、各々が建築物よりはむしろシステムそのものを中心に据えた幻滅的な大都市理論を導いたのだ。ヒルベルザイマーの都市に対する理論的姿勢を批評するにあたり、タフーリは次のように述べている。

> 建築家は、生産技術が近代化され市場が拡大し、合理化されるという新しい事態に直面して「モノ《オブジェクト》」の生産者としてまったくふさわしくないものとなった。もはや都市網の単一要素にも、単純なプロトタイプすらも形を与えることが問題ではないのだ。生産サイクルが都市の中に確立されるようになると、建築家に残された唯一の役割はそのサイクルを組織することである。この提案が極端に進むと、ヒルベルザイマーが主張した「組織モデル」をつくりあげる仕事は、技術者を単に、建築生産のためのテイラー主義的管理法の管理者にしてしまうことになる。

こうした展望をもっていたために、ヒルベルザイマーはロースやタウト〈10〉のような建築家たちが不安のうちに発言した「オブジェクトの危機〈11〉」にまきこまれずにすんだのだった。ヒルベルザイマーにとっては、オブジェクトの危機状態などあるはずもなかった。つまり、オブジェクトはすでに彼の考察範囲から消えてしまったのだ。唯一生じた責務は、組織化するための諸法則にあり、そしてそこにヒルベルザイマーの偉大な寄与があると考えられている。*11

タフーリは、ヒルベルザイマーの偉大な寄与というのは、アルキズームがノー・ストップ・シティのなかで展開したことであり、つまりオブジェクトの集積ではなく連続するシステムとしての都市であると主張した。ブランジは、メディアと非物質的生産という後世の学説を予言して、もし都市が生産サイクルに統合されるのであれば、都市を生産することは、都市の建築構造のプログラムをつくることが問題となるのであって、デザインすることが問題なのではない、と主張した。建築に代わる戦略としてプログラミングを求めることは、三〇年後にはダイアグラムと統計という漠然とした仮想に終わった。その一方で、アルキズームとタフーリが考えていたプログラミングと編成は、資本制の大都市を結合し統合する批評を明確に記述することに集中した。

タフーリとアルキズームはともに、ヒルベルザイマーが『大都市建築』で主張したように、都市空間を究極まで計画し編成することは、建築家のためではなく都市理論

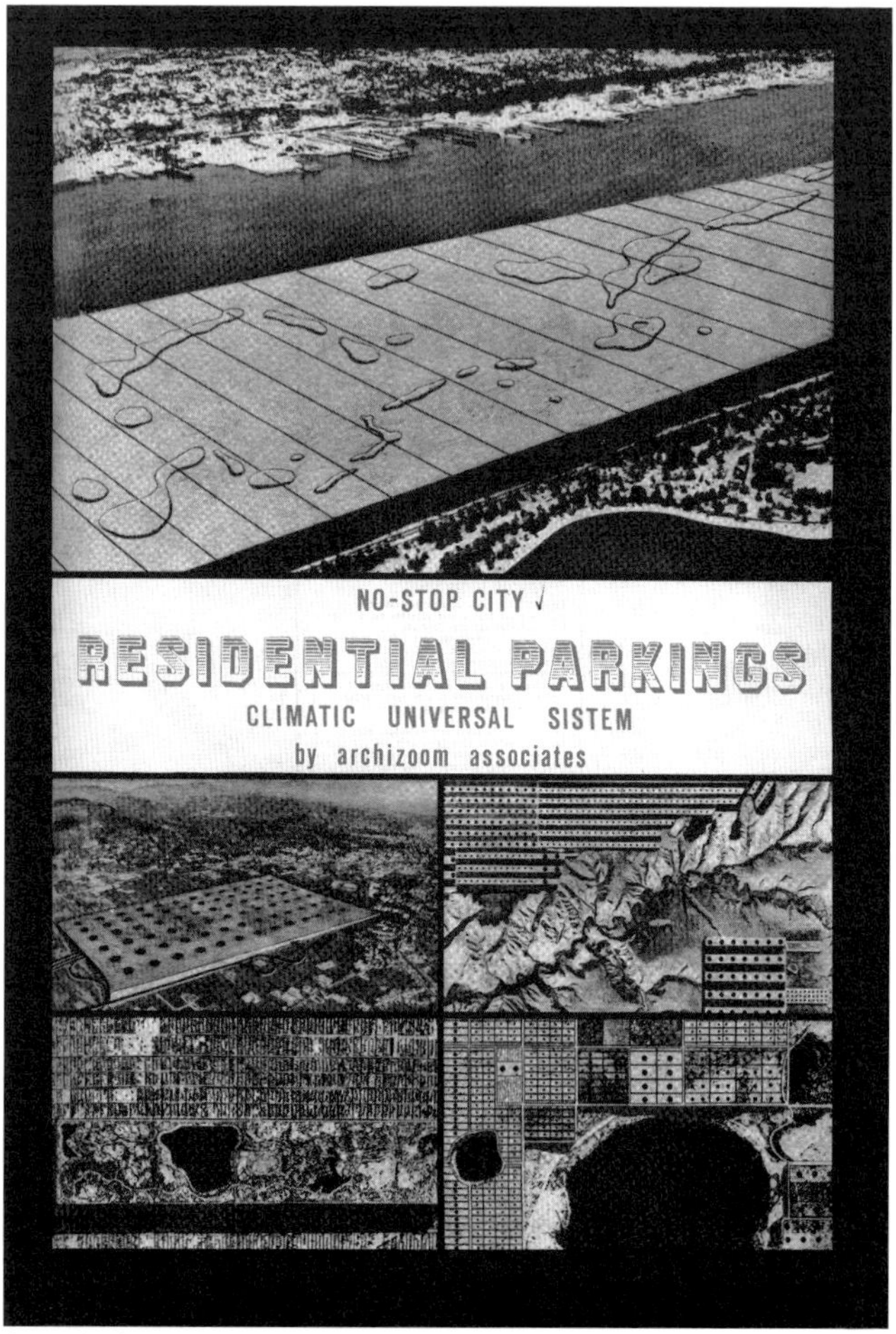

図38、39　アルキズーム・アソチャーティ《ノー・ストップ・シティ》一九六八〜七〇年。『ドムス』に発表されたプロジェクトからの図版、一九七一年三月。アルキズームのメンバーは自らを「スターリン主義」建築家と称し、公の場において、一九六〇年代半ばから始まる建築雑誌と展覧会で増殖した「アヴァンギャルド」で「ユートピア的」プロジェクトを皮肉っぽく検閲した。それは、そのようなプロジェクトが建設されるならば「人々の間で広まるであろう不必要なパニックの可能性を制限」しようとしていたためであった。メンバーたちは、一九七一年に「居住用駐車場地区」という均質な住居のための研究を発表した。住居は一般的な建築のサインにすぎないものとして構成され、したがってすべての技術的な熱意を奪い、資本が都市空間を統合する本質的側面を重点的に扱った。アルキズームによると、この統合の結果を論証することによってのみ、労働者階級の自律性を考えることができるのだった。労働者階

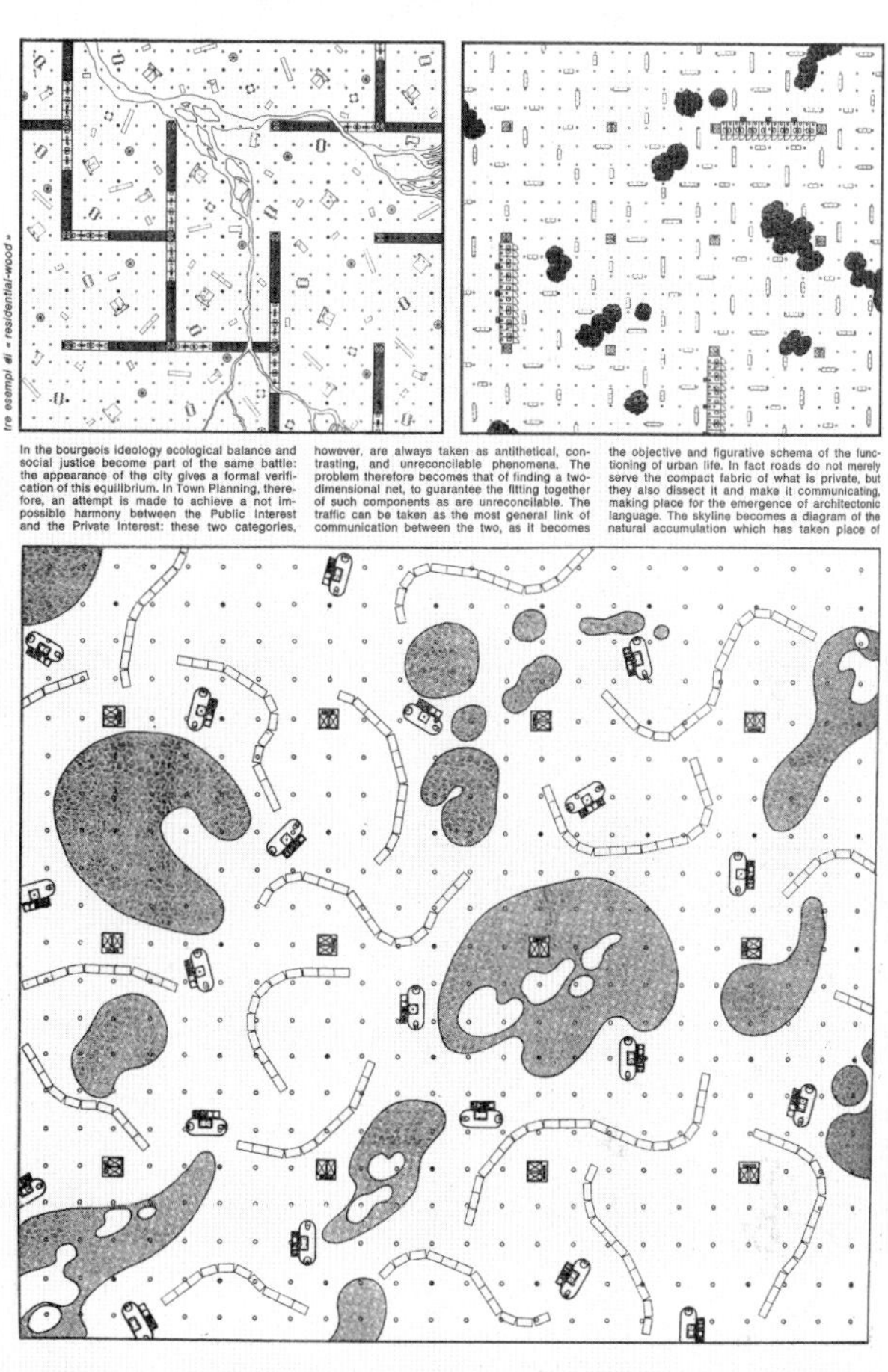
tre esempi di « residential-wood »
In the bourgeois ideology ecological balance and social justice become part of the same battle: the appearance of the city gives a formal verification of this equilibrium. In Town Planning, therefore, an attempt is made to achieve a not impossible harmony between the Public Interest and the Private Interest: these two categories, however, are always taken as antithetical, contrasting, and unreconcilable phenomena. The problem therefore becomes that of finding a two-dimensional net, to guarantee the fitting together of such components as are unreconcilable. The traffic can be taken as the most general link of communication between the two, as it becomes the objective and figurative schema of the functioning of urban life. In fact roads do not merely serve the compact fabric of what is private, but they also dissect it and make it communicating, making place for the emergence of architectonic language. The skyline becomes a diagram of the natural accumulation which has taken place of

級の自律性は、もはや生産空間に対する労働者たちの抵抗としてではなく、労働者たちがそれを専有することだった。Courtesy Avery Architectural and Fine Arts Library, Columbia University.

と建築理論のために自律的な役割を与える唯一の方法であると考えた。しかしながら、タフーリとアルキズームがこの主張から引き出した結論は根本的に異なっていた。タフーリにとって、生産サイクルは、大規模産業の実態のなかで理解されるべきものであり、それを示すためには建築の表現力をはるかにしのぐにもかかわらず、計画学のツールによってコントロールできるものだった。これまでに述べたように、タフーリは多少なりともオペライズモの「否定的思考」を都市化のプロセスの概念にまで還元させていた。その都市化のプロセスは、たとえ建築的な物質《オブジェクト》を解体したとしても、計画学の弁証論のなかで自らが分解されてしまう可能性がある。他方でブランジは、生産サイクルの究極の目的は、最終的に都市内部で非合理な効果を与えることであると考えていた。この効果は、全体としてはまったくコントロール不可能なものである。ようするに、家具や「オブジェ」のスケール、それは実のところ、ノー・ストップ・シティの終局後にアルキズームのメンバーが注目したデザイン・スケールであったが、そのスケールでの非合理な効果が修正されうるのだ。

いいかえると、タフーリは、生産方法論は矛盾と「計画学」としてのわかりやすさをともないつつ、フォーディズムの方法論にとどまったと考えていた。一方、アルキズームにとってはフォーディズムの流れ作業が変質のプロセスを受けていることはあきらかで、そのプロセスにおいては計画の合理性が、生産と消費という分散し普及力のあるシステムにおきかえられようとしていた。アルキズームは、都市が際限なく自由に利用され、消費され、そしてその形態と組織が必然的に制御できなくなるというこの新しいシナリオにおいて、建築とそれに対抗する計画学はともに、アクションを起こすにはまったく不適切な手段であると考えた。一方でインテリアデザインは、後期資本主義都市の新しい形として、無秩序な都市計画を「受け入れる」方法を提示した。このアプローチは、一九八〇年代と九〇年代にまさに起こったことの予兆を証明している。この時代は、都市計画のシナリオを形にするとき、デザインされたオブジェの役割が建築の役割を上回っていた。しかし、まさにこのことが理由となって、アーキズームの自律性の構想という「批判」の遺産は曖昧なままだった。一九七〇年代に、政治的な主体としての労働者階級が敗北した。そしてそれにともなって、アルキズームが予言した全統合というシナリオがどの程度のものであったのかについてはますます不明瞭になった。そのシナリオは結局のところ、快楽主義的、創造的で政治に無関心な人類の運命の「当然の結果」であり——これはブランジが、この企図《プロジェクト》の本来の意味を「和らげる」試みとして最近示唆したのだが[*12]——もしくは、この階級が特定の政治的主体であることに「気づいた」結果だった。たしかにノー・ストップ・シティの曖昧さは、オペライズモからアウトノミアまでの推移を特徴づける多くの不確かさを要約したものである。これまで述べたように、アウトノミアの運動は、その推移において当時支配的であった資本主義的ポストモダニズムという趨勢とはっきりと対立する代替案を特定するよりも、自らの運動の思想と戦略をその趨勢と調和することに費やされたのだ。

＊1　クラウディオ・グレッピは、フィレンツェ大学建築学科の学生がパンツィエーリとトロンティのアウトノミスタ・マルキシズムに対して関心をもったために、彼の卒業計画が現れたと回想している。クラッセ・オペライアのフィレンツェ支部はイタリア各地にあるグループのなかでもっとも大きい組織で、メンバーのほとんどは建築学科の学生であった。グレッピによると「建築学科は当時、政治に影響を及ぼし、また政治と都市の未来像とそのプロジェクトを結びつける資本主義都市に対する幅広い批評を展開させるための理想の場所でした。私たちは都市を改革し合理化するという責務に反して、既存都市を単純に批評する時期がきたと考えはじめました。私の卒業計画は、一九六〇年代半ばの大規模計画案に強く影響を受けましたが、未来都市の色彩豊かなユートピア的ヴィジョンを示す代わりに、既存のメカニズムを批評的に誇張しました。私たちは、建築家は政治プロパガンダを行うにはまったくふさわしくなく、彼ができることは資本の権力を味方につけ、〝間違ったプロジェクト〟のために働くことである、と考えていました。私たちはオペライズモに忠誠を誓ったため、いかなるポピュリズム的で行動主義的スタンスをも拒否しました。というのは、彼らは最終的には団地の計画あるいは人民の家 Case del popolo を設計する結果となってしまうからです。トロンティはこのような誘惑に対して、私たちにははっきりと警告しました。労働者階級にとって、偉大な反動者でいることは、プチ・ブルジョワ革命者になることよりも、職業上ずっと有益になる」。二〇〇七年九月、アウレーリとのインタビュー。

＊2　この仮説の信憑性は、グレッピがコレッティとモロッツィといったアルキズームのメンバーと頻繁に接触していた事実に支えられている。グレッピによると、この二人はフィレンツェのクラッセ・オペライア主催の集会に定期的に出席していた。

＊3　このエピソードもまた、アンドレア・ブランジの回想によるものである。この一文はアルキズームの『ノー・ストップ・シティ』の再版に関する彼の解説にある。Andrea Branzi. ed. *No-Stop City. Archizoom Associati.* (HYX: Orléans. 2006). pp.142-43.

＊4　Archizoom, "Citta, catena di montaggio del sociale: Ideologia e teoria della metropoli［都

市、社会問題の一連のモンタージュ：大都市のイデオロギーと理論」", in Branzi, *No-Stop City*, Archizoom Associati , pp.156-57. 初出は *Casabella* 350-51（1970）, pp.22-34.

＊5　アルキズームは一九六六年から七四年まで存在していた。グループ解散後、メンバー全員はインダストリアル・デザイナーとして成功し、イタリアの大企業と協働している。

＊6　＊4、pp.160-61.

＊7　Ibid., p.161.

＊8　Ibid., p.173.

＊9　Ludwig Hilberseimer, *Entfaltung einer Planungsidee*［計画概念の発展］（Berlin: Bauwelt Fundamente, 1963）; Ludwig Hilberseimer, *Una idea di piano*,（Padua: Marsilio, 1967）. ジョルジョ・グラッシによる序文と翻訳。特筆すべきは、ロッシがマルシリオ出版社のために監修した「ポリス Polis」シリーズにこの書籍が発表されたことである。ヒルベルザイマーは、グラッシのもっとも重要な著作 *La costruzione logica dell'architettura*［建築の論理的構築］（published by Marsilio in 1967）で頻繁にとりあげられた建築家である。

＊10　＊3、pp.148-49.

＊11　Tafuri, "Toward a Critique of Architectural Ideology［建築イデオロギー批判］", in K. Michael Hays, ed., *Architecture Theory since 1968*［一九六八年以降の建築理論］, p.22.

＊12　とくにブランジが、ノー・ストップ・シティを「弱く浸透する近代性 weak and diffuse modernity」の初期のマニフェストとして「修正主義的」に解釈していることに注目したい。Andrea Branzi, *Weak and Diffuse modernity: A World of Projects at the Beginning of the 21st Century*［弱く浸透する近代性：二一世紀初頭のプロジェクトの世界］（Milan: Skira, 2006）.

結論

私がこれまで述べたすべてのプロジェクトは、歴史的展開のなかでその欠点と不合理性が明らかになるが、それらは著者や運動の創始者たちによって新しい政治的主体性を構築する試みとして明確に構想されたものだった。この主体性は、資本制機関と自由民主制機関すらもおきかえることを視野に入れたものであり、そのどちらに対しても同じスケール、同じ程度の権限で実行された。オペライスタたちは、一九六〇年代に、つまり、フォードとテイラーの生産システム〈1〉に反対する労働者闘争を理論化して、主体性を求める運動を進めた。そして一九七〇年代、その進展の結果としての資本制の再構築によって、新しいポスト・フォーディズムの生産方式だけでなく、イタリアのすべての政党機関は、抗議と闘争性《ミリタンシー》による、もはや引き返せないほどの危機的状況に陥り、その状況は、組織に異議を唱える人たちにまで影響を及ぼした。この危機は、一方は政党、労働者同盟、公式の文化団体など公的機関と、他方は政治的急進派という二極化を生みだした。一九六〇年代の知識人による自律性の構想は、最終的に圧力をかけることによってそういった公的機関に立ち向かう目的で確立された。しかし、この取組みは一九七〇年代に悪化したばかりでなく、ブランジが「左翼内部の闘争」と後述したように憤激したのだった。*1

この闘争の結果、政略《ポリティクス》は対立するふたつの方向に引き裂かれた。一方は政党や公的機関の、盲目的でときに錯乱した自滅的批評を指向するもので、他方はたとえば研究所・大学機関のような学究的世界という居心地のよい空間へ向かった。後者は、工場に代わる新しい論争の場として考えられ、労働者闘争と労働者組合などの政治の第一線から遠く離れた多くの知識人をひきつけて、成長している。左翼運動の内部で生じた闘争の画期は、一九六八年五月である。多くの左翼知識人たちが労働者階級の政治革命として心に描き夢見ていたことは、不意に「学生紛争」という前代未聞の出来事となった。イタリアの一九六八年の抗議運動は、フランスの場合とは異なり本来の「労働者闘争」である一九六九年の「熱い秋」から切り離すことができない。しかし、この闘争には新興中産階級で形成された新世代の抗議者が急増し、とくにフランスから輸入された流行の文化批評によって成長した。

一九六〇年代を通して、自律性《オートノミー》という文化的なプロジェクトの主唱者たちは皆、自分たちの専門領域が公の活動領域でも通用する新しい役割となるように、その戦略的な準備として理論を用いた。詩学《ポエティクス》は政治性《ポリティクス》と同じように、社会を変えるために欠かせない手段として理論化された。このことによって自律性のプロジェクトによって発展した熾烈な論争は、専門領域の境界線を超えるという興味深いパラドックスが導かれる。このような状況は、もっとも深いレヴェルにおいて新しい経済的・文化的勢力を包含する新しい主体性の構築が緊急に必要になったために起こったのだ。一九六〇年代は、新しい革命的主体性への熱狂的な期待によって特徴づけられた。他方で一九七〇年代は、多くの闘士《ミリタント》たちが西欧の富裕な国々での革命が孤立した暴動という形以外にはなしえないことに気づいた時期だった。このような現実によって闘士《ミリタント》たちの創造性は革新的ではあるものの、政治性の弱い闘争形態へと追いやられて、支配組織を独占する政治階級全体に挑戦できないままだった。というのは、一九八〇年代と一九九〇年代において、イタリアの支配組織の文化的イデオロギーは退化し、ルネサンス以降のこの国の政治史および文化史上の最低地点まで堕ちたからである。政治の崩壊と混乱というこの悲惨なシナリオ、それは今日、一九七〇年代リヴァイヴァリズムの潮流のなかで「脱政治性《ポスト・ポリティクス》」という新しい形式の始まりとして夢想化されがちであるが、そのなかで生じたものは、緊迫性のない急進主義だった。その例は、ポスト・オペライスタであるアウトノミアが、政治性をポスト・モダニティ《脱近代・後近代》の熱狂的な称賛へと巧みに変換させていったことに示される。というのは、ポスト・モダニティは労働者闘争という古い形式からの文化的解放として考えられたからだ。

しかし、一九七〇年代から八〇年代にかけて自律性と意思決定力を求める切迫感が失われていき、それにともなって政治と哲学から建築と都市計画までのそれぞれの学問領域は専門化した領域の溝に堕ち、同時代の政治経済の現実に対して自律したのではなく、単にそれぞれが互いに自律的になった。同様に皮肉なことは、このシナリオにおいてイタリアの自律性《オートノミー》が称賛され世界的に輸出されたのだった。それは自律性の企図《プロジェクト》の国際的勝利が、そのプロジェクトの内部崩壊の瞬間に起こったといえるほどだった。*2

周知のように、イタリア建築の国際的成功は、とくにアメリカにおいてはふたつの重要な「美術館」イヴェントと同時に起こった。それはアルド・ロッシが一九七三年に企画した第一五回ミラノ・トリエンナーレと、エミーリオ・アンバース〈2〉が一九七二年に企画した近代美術館 Museum of Modern Art, MoMA の企画展〈3〉「イタリア：新しいドメスティック・ランドスケープ」である。[図40、41] 第一の企画展で、ロッシは自律性の構想《プロジェクト》を、彼自身の政治的動機を共有しない他の国際グループと運動体にまで拡大した。第二の企画展において、アンバースは、「ラディカル・アーキテクチャー」の政治的背景よりはむしろ、その革新的で美学的なスタイルを称賛した。さらに一九七〇年代に、建築・美術・デザインと政治の運動を指すために多くの批評家と思想家たちが用いた「ラディカル」というレーベルは、そういった運動の多くの主唱者たちの意図と直接対立した。スーペルストゥディオの共同設立者であるクリスティアーノ・トラルド・ディ・フランチャ〈4〉は最近、美術批評家ジェルマーノ・チェラント〈5〉が一九七二年にArchitettura radicale（「ラディカル・デザイン Radical Design」と英訳される）というレーベルを考案したときに、スーペルストゥディオとアルキズームはともに、自分たちのプロジェクトが終わったことに気づいたと述べている。[*3] 彼らのプロジェクトは、もうひとつの前衛的表現として建築雑誌のページで商品化されたために、もはや既存の生産理論や建築生産を批判する試みではなくなったのだ。[*4、図42、43] この自己評価は、一九七〇年代のアウトノミア・グループの「急進的《ラディカル》な政治性」に対するトロンティの懐疑的態度と非常に似ている。トロンティによると、政治性《ポリティクス》という言葉の前におかれるラディカルという形容詞は、政治性がもはやそれだけで自立できないことを意味するのだ。

　このふたつの重要な展覧会、トリエンナーレとMoMAがそれぞれ「自律的建築」と「ラディカル・アーキテクチャー」という影響力の強いイヴェントとして国際的に認められたことは皮肉である。このイヴェントは実際、新しい理論的な主張を始めた

図40、41　近代美術館における展覧会「イタリア：新しいドメスティック・ランドスケープ」のインスタレーション、ニューヨーク、一九七二年。「オブジェクト」セクションの屋外展示ケースと、レオン・クリエとロバート・クリエによる幻想都市模型、第一五回トリエンナーレ、ミラノ、一九七三年。一九七〇年代初期のイタリアデザインは、国際的に称賛され神聖化されていた。ふたつの展覧会は、この称賛を伝える手段だった。この展覧会によってふたつの現代的運動、ネオ・アヴァンギャルド＝新前衛的なラディカル・アーキテクチャーと、新理性主義のテンデンツァを、その政治的な「存在理由 raison d'etre」すべてをなくしてしまうまではいかないものの、すっかり変質させてしまった。それにもかかわらず、このふたつの運動の理論的な作品は「ポストモダン主義」様式として成功した。
©July. 2018 The Museum of Modern Art/Scala, Florence. (Top)
Courtesy Museum of Modern Art/Art Resource, NY. (Bottom)

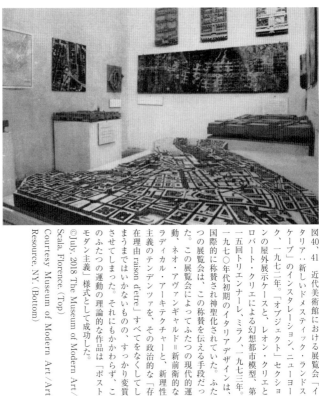

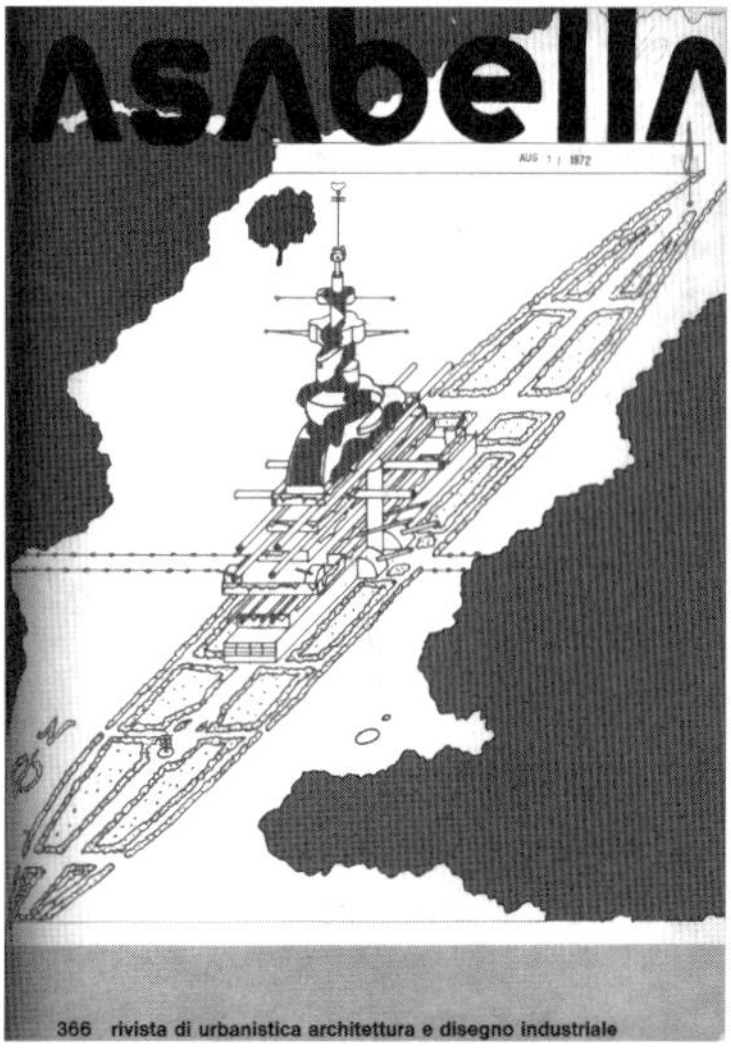

図42、43　『カーザベッラ』三六六号および三六七号（一九七二年）。一九六四年、ロジェルスは『カーザベッラ』の編集長を追放されるが、その後、一九七〇～七六年の間、工業デザイナーのアレッサンドロ・メンディーニの指揮によって建築誌は再び重要な位置を占めるようになった。メンディーニは、すぐにフィレンツェ・グループのスーペルストゥディオとアルキズームのメンターとなった。グループが存在し、活動した時期は彼の編集長の在任期間とほぼ同じだった。メンディーニ指揮下の『カーザベッラ』は、一九六八～六九年の余波で生じた社会的、政治的問題をミニマリズム、コンセプチュアリズム、アルテ・ポーヴェラのようなネオ・アヴァンギャルドと結びつけることを目的としていた。一九七二年に、彼はふたつの象徴的な表紙によって、ニューヨークの近代美術館で開催された展覧会「イタリア：新しいドメスティック・ランドスケープ」による現代イタリアデザインの国際的成功を称えた。五月号には大西洋を横断する軍艦が描かれた。六月号は、スーペルストゥディオがニューヨークからメンディーニ宛に送った葉書から再現されたゴリラの絵が再現され、大々的にとりあげられた。メンディーニは、美術批評家ジェルマーノ・チェラントのMoMAのカタログへの寄稿からとりあげた「ラディカル・デザイン」というレーベルを加えた。レーベルによって運動は制度のように画一的になり、スーペルストゥディオとアルキズームのメンバーは、この発表とともに自分たちのプロジェクトが終わったと気づいた。Courtesy Avery Architectural and Fine Arts Library, Columbia University.

のではなく、イタリアのふたつの運動の終局と同時に起こったのだ。理論は、当初は都市の政治的、社会的闘争に寄与すると考えられていた。しかしそれは一九七〇年代の初頭までには学究世界の講演と展覧会空間のなかで身動きがとれなくなっていた。展覧会では、批評家とキュレーターが理論を当時の文化的流行に合わせていたのだ。自律的建築のいささかメランコリックなロシア風のイメージは、ますます複雑になる都市から切り離されたように見え、反対にラディカル・アーキテクチャーの前衛的なイメージは、拡張する情報空間を称揚するように見える。しかし結果的には、どちらも政治的構想をまったく欠いた輸出品だった。オペライスタたちは、関係者たちによって「学派」が編成されること、そして知識が極端に専門化されることも予測していた。しかしながらこのふたつはともに、現実に対するいかなる希望も、すなわち政治的《ポリティカル》な自律性の希望も急速に消滅させたのだ。

このような理論が及ぼしたダメージは、自律に対する政治性と詩学が資本制の内部から対抗する政治性と詩学という近代概念の終局として読まれたのではなく、当時支配的だった「ポストモダニズム」の象徴として読解されたときに起きたのだった。それでは、この構想《プロジェクト》を振り返ることが何の役に立つのだろうか？　理論的省察が始まったイタリアでは結局ほとんど成果がなかったにもかかわらず、なぜその省察が熱心に行われた時期に戻るのだろうか？　このプロジェクト《構想》が魅惑的であり、同時に刺激的であることによって、イタリア国外の建築家がこの遺産を興味深く惹きつけるものと考えている一方で、そのプロジェクト《構想》はイタリア国内では無視されるばかりか軽蔑されている。私は今日、ほとんどの時間をイタリア国外で働いて過ごしているイタリア建築家として、そのことは必ずしも悪い理由のためではないことも理解している。イタリアの外で「アウトノミア」に触れることは最先端の政治性を喚起するのだが、イタリアにおいては左翼が政治的に武装解除すること、ポストモダン社会における一般的な脱政治化と結びつくのだ。

私はこの論文において、「アウトノミアがどのようにして起きたのか」という話を伝えたかったので、それを復興論者のように称揚することも、かたくなに拒否することも避けてきた。たしかに私が試みたことは、自律性のプロジェクトの様々な主唱者たちに対する深い親しみの気持ちが動機となっている。しかし、一九九〇年代の私のキャリアの形成期とほぼ同時期に起きた彼らの失敗の経験を通して彼らの人物像を回顧的に見返してみると、歴史に対するノスタルジーを取り去って、最後にはこの遺産から何が回復されるのか考察することが可能となるだろう。このような経験から、私たちの文明という制約の内側から、しかしイデオロギー的にはそれに対抗して、どのようにして新しい政治的主体性を具体的に構築できるのかという課題について学ぶことができると私は信じている。そしてその私たちの文明は、つねに変容していくにもかかわらず労働者の文明でありつづけるのだ。

歴史を深く掘り起こし、行動主義のクリシェを超えてさらにその先に前進することによって、そして「ラディカリズム」というポストモダン用語での呼称を避けることで、自律性《オートノミー》の遺産のなかで、何が今日においても重要であるのか、理解できるだろう。すなわちそれは、偉大な政治的なものの物語を理論化するためのもっとも厳密な取組みのひとつであり、現代のアヴァター、つまり『帝国』と並んで、資本という前提そのものに異議を唱えたのだ。アカデミアの席を占める大勢の理論家たちは「実行」の概念に取りつかれ、文化的・社会的・政治的行動のための唯一有効な空白領域として「行動主義」にリップサーヴィスしている。その間にも、自律性の構想《アウトノミア・プロジェクト》は、資本制の内部からの対立というもっとも果敢な取組みが大文字のTをともなうセオリー Theory から生まれたことを私たちに気づかせる。このセオリー《理論》は、都市のなかで「見つけられた現実」とその変化について、毎週月曜日の朝に単に報告するための手段ではない。それは、長期にわたる責任能力と、確固としたカテゴリー《範疇》を確立する方法としての理論である。そしてそのカテゴリーによって、社会と政治を前進させると考えられていた、経験を重んじる実証主義的で煙にまくような方法に対抗するのだ。自律性のプロジェクトは、理論のプロジェクトとして、そして「研究することとの忍耐と、答えることとの差し迫った緊急性[*5]」からつくられた構想として、その具体的な内容、つまりアウトノミア運動の内容とは関連性が薄いと考えられるかもしれない。しかしそれは、もっとも挑戦的で理論的な取組みが、「実践的な」闘争形態に対してもっとも効果があったという教訓になるのだ。

＊1　Andrea Branzi, postscript', *No-Stop City, Archizoom Associati*, p.142.

＊2　一九七〇年代のアウトノミア運動のメンバーが逮捕され、誣告されるという悲劇的な結末は運動からの離脱者の続出、内部の激しい分裂とイデオロギーの崩壊の後に起こった。「ラディカル《過激な》」な一九七〇年代のこの歴史は、今日、多くの弁解によって隠ぺいされている。

＊3　Germano Celant, "*Radical Architecture*", in Emilio Ambasz, ed., *Italy: The New Domestic Landscape: Achievements and Problems of Italian Design*［イタリア：新しいドメスティックな景観　イタリアデザインの業績と課題］（New York: Museum of Modern Art; and Florence: Centro Di, 1972）, pp.380-87。*Casabella* 367（1972）の表紙に現れたゴリラの写真は、ニューヨークにあるアメリカ自然史博物館のエークリー・アフリカ哺乳類ホールの標本を由来としている。

＊4　二〇〇七年五月にアウレーリが電子メールで連絡した際に、トラルド・ディ・フランチャが述べたもの。

＊5　Mario Tronti, *Operai e capitale*［労働者と資本］, p.265.

あとがき

この小論文は、コロンビア大学ビューエル・センターFORuMプロジェクトの二年間のコースでジョアン・オックマンと協働した期間に、彼女と交わした多くの議論が発端となっている。ジョアンはこの論文の鋭敏な編集者として尽力しただけでなく、彼女の助力によって、建築の、都市と政治との関わりを理解する「戦略」としての形態の関係性について活発に議論できたのだ。彼女が知的な同志関係を築き、そしてビューエル・センターの後援のもと、私を歓待してくれたことに深い感謝を表したい。また、この書籍の制作を本格的に取りまとめたビューエル・センターのサラ・ゴールドスミスにも感謝したい。私はこの論文の執筆中、その主題と、オペライズモの遺産についての私の考えをマリオ・トロンティと議論した。彼が理性的で寛容であり、そしてこの論文を書くというプロジェクトを支持してくれたことに大変感謝している。

この本によって、私がこの四〇年でもっとも偉大な思想家の一人と信じる人の思想が、さらに広く知られることを望んでいる。最後に、この本をルイージ、ルチア、アンナリーザ、そしてアリスに捧げたい。

P.V.A.

◆人物・事象・用語解説

自律性《オートノミー》と歴史性

〈1〉 コルネリュウス・カストリアディス Cornelius Castoriadis（1922-97）　ギリシャ出身の政治思想家、哲学者、経済学者。アテネで政治活動を開始する。一九四五年に渡仏、四八年に当時のロシアの社会体制に対する批判を目的として政治グループ「社会主義か野蛮か」を結成、クロード・ルフォールらとマルクス主義の新しい思想と実践のあり方を示すグループと同名の雑誌『社会主義か野蛮か』（一九四九～六五年）を創刊する。マルクス経済論、さらに唯物史観、唯物弁証法論を批判し、最終的にはその思考、体系に影響を与えたギリシャ・西欧哲学の論理学、存在観全体の批判に展開した。（9）

〈2〉 モダン／ポストモダン　カストリアディスは一九八九年のボストン大学での講演で、近代《モダン》と呼ばれる時代について、歴史がその目的に達したこと、また人間が以後は永遠の現在に生きることを考えるだけであると見なしていると述べ、この語の自己中心的な態度を批判している。具体的には「我々は近代人である」という言葉は、過去の古代人に対する近代の自己の性格付けを前提にしながらも、その語の意味をなすのは「近代であると自己宣誓する時代が永遠に続き、未来は延長された現在にすぎないという仮説に基づいてでしかない」と指摘している。この講演における「モダン《近代》」は、一般に啓蒙時代といわれる一七五〇年代以降から第二次大戦後の一九五〇年までを指す。したがってポストモダンは一九五〇年以降となるが、カストリアディスはその概念がモダン《近代》を否定する風潮と特定している。ポストモダンの用語が登場したのは建築、デザイン批評の領域であり、一九七七年アメリカの建築史家チャールズ・ジェンクスの著作『ポストモダニズムの建築言語』が最初といわれ、近代主義への反動、芸術をその本質的な構成要素に純化すべきという形式的な次元での要請と、芸術史を芸術そのものの純粋化の過程として把握する歴史的な次元での進化論の反動を意味する。哲学・思想分野ではJ・F・リオタールの著書『ポストモダンの条件』（一九七八年）の発表によって広まった。（2、9）

（　）：参考文献掲載ナンバー

〈3〉ニッコロ・マキャベリ Niccolò Machiavelli（1469-1527）　イタリア、ルネサンス期の政治思想家、フィレンツェ共和国の外交官。理想主義的志向の強いルネサンス期に、政治を宗教・道徳から切り離して考えるべきという現実主義的な政治理論を創始した。『君主論』で政治の自律性、つまり世俗化、神学、倫理学からの解放を唱えた。

〈4〉トマス・ホッブス Thomas Hobbes（1588-1679）　一七世紀イギリスの政治思想家。著作『リヴァイアサン』で、自然状態は戦争状態であり、この状態を終わらせ平和を維持するために、各人の権利を国家に譲りわたすこと（社会契約）と、その契約によって成立した主権としての国家の絶対的権力の必要性を唱えた。

〈5〉テオドール・W・アドルノ Theodor W. Adorno（1903-69）　ドイツの哲学者、社会学者、音楽評論家、作曲家。マルクス主義を発展させ啓蒙主義の批判を展開したフランクフルト学派を代表する一人。（2、11）

〈6〉マックス・ホルクハイマー Max Horkheimer（1895-1973）　ドイツの哲学者、社会学者。一九三〇年、フランクフルト・アムマイン大学付属社会問題研究所所長。アドルノ、次世代のユルゲン・ハーバーマス Jürgen Harbermas（1929-）らとともにフランクフルト学派を先導した。ナチス台頭後、スイス、アメリカへ渡り、第二次世界大戦後に帰国、フランクフルト大学に戻り学長も務めた。同僚のアドルノとともに亡命先のカリフォルニアで『啓蒙の弁証法』を執筆した。（2、11）

〈7〉理性主義　理性主義とは、世界が現にあるような形で現象することに論理的に必然的な根拠があると考え、すべての真理は論証されなければならないとする立場。また、そのために非理性的な因習への従属から脱して理性を育み、その理性にもとづいて世界を考察し、個人的、社会的生活を組織する必要があるとする近代に特徴的な啓蒙的な考え方。アドルノとホルクハイマーは『啓蒙の弁証法』で、啓蒙が進められるなかで理性は「あらゆる他の道具を製作するのに適した普遍的道具として役立つものであり、ひたすら決められた目的のみを思考するようになる」と述べ、理性主義＝合理主義 rationalism による産業主義経済の画一化などについて批

判した。（2、11）

〈8〉イマヌエル・カント Immanuel Kant（1724-1804）　ドイツの哲学者。『純粋理性批判』『実践理性批判』『判断力批判』の三批判書を発表し、「理性」自体を吟味・仕分けする批判哲学（先験哲学・超越論哲学）を提唱。習俗や文化の既存のルールや慣習にしたがう行為を道徳的とは見なさず、欲求から離れ自律的に理性が課す道徳法則にしたがい、義務として行為することだけが道徳の根拠であるとした。（2）

〈9〉ゲオルク・ヴィルヘルム・フリードリヒ・ヘーゲル Georg Wilhelm Friedrich Hegel（1770-1831）　ドイツの哲学者。人間の意識・主観の弁証法的展開を理論体系として著した。弁証法を用いて、ある存在は自己と自己に対立する対象（自己に内在する矛盾に対しての解）との関係性によって形づくられるという世界や事物の進歩の過程を示した。（2）

〈10〉フェアシュタント《Verstand》＝悟性　物事を判断・理解する思考力、知性。カント哲学においては、理性・感性から区別され感性的所与を総合的に統一して概念を構成し、対象を認識する能力。ヘーゲル哲学においては、弁証法的な具体的思考の能力である理性に対し、有限的、限定的な規定に立ち止まっている抽象的な思考能力。（2）

〈11〉同一－集合論的論理 ensemblistic-identitary logic　カストリアディスが唱えた社会のとらえ方、すべてが確定された合理的論理。それは、社会を創出し変質をもたらす社会・歴史的なもの、根源的想念等は、本来確定されるものではなく「集合化されえない多様性の組織様式」である。彼はギリシャ・西欧哲学の理論は存在論にもとづいて展開されているため、このような想念、想像力といった確定しえないものの重要性を深くは追求できないとして批判し、このギリシャ・西欧思想史の全体に共通する論理学を「同一性的－集合論的論理学」と名づけた。（31）

〈12〉ケインズとスラッファらの資本主義的合理性に対する体系的批判　たとえばケインズは、資本制による経済社会の維持を支持しつつも、物的手段としての富を追求しがちな資本制の功利主義を否定していた。（2、48）

〈13〉「解釈学」から「脱構築」までのテクスト解釈と歴史的解釈を基礎とした思想学派　解釈学に

関しては、二〇世紀に入るとマルティン・ハイデッガー Martin Heidegger（1889-1976）がそれを自己理解の方法という哲学的問題のひとつにまで高め、その後リクール、ガダマーらがその射程を拡張したことにより現在哲学の一潮流となっている。脱構築は、ハイデッガーの『存在と時間』（一九二七年）において西洋の形而上学伝統が論じられる際に現れる「解体 Destruktion」の仏語訳として採用されたものである。ジャック・デリダはこの考えを提示し、ヨーロッパで伝統的だった階層的な二項対立の形而上学を批判した。（2）

〈14〉 **シアトルとジェノヴァにおけるG8抗議運動**　一九九九年一一月、シアトルでの第三回世界貿易機関閣僚会議において、新多角的貿易交渉の立上げとグローバリゼーションへの動きに反対した世界各地の市民団体が集結し抗議運動を起こし決議が中断された。また、二〇〇一年にジェノヴァで開催されたG8サミットでも大規模な抗議デモが行われ、参加者の一部が治安警察と衝突した。（6）

〈15〉 **マイケル・ハート Michael Hardt（1960-）**　アメリカの哲学者、比較文学者。スワースモア大学卒業後、一九九〇年ワシントン大学で博士号取得。博士課程在学中に取り組んだネグリのスピノザ論の翻訳を契機に著者と会い、その後二人は『帝国』『マルチチュード』『コモンウェルス』などの著作で共同作業を行っている。（6、19、20）

〈16〉 **アントニオ・ネグリ Antonio Negri（1933-）**　イタリアの哲学者、政治活動家。バールーフ・デ・スピノザやカール・マルクスの研究で知られる。アウトノミア運動のひとつであるポテーレ・オペライオの指導的役割を果たした。（6、19、20）

〈17〉 **『帝国 *Empire*』**　ネグリ、ハートは、この作品を執筆した一九九〇年代以前には指摘されることのなかったグローバルなネットワーク状の秩序形態のことを「帝国」と名づけた。それは国民国家に代わる主権であり、また巨大な資本制システムでもある。（6、19、20）

〈18〉 **ポスト・フォーディズム Post-fordism**　工業化社会を特徴づける単品種大量生産方式（フォーディズム）から移行した、特注製品に対する市場の需要を満たす融通性に富んだ生産形態。工場や事務所などで雇用されている賃労働者だけでなく、社会全体を剰余価値生産に総動員させる体制。

〈19〉生権力 biopower　フランスの哲学者M・フーコーに由来するとされる用語。人々の生に働きかけ介入しようとする近代の権力。ネグリとハートによると、生権力は「社会的生に密着しつつそれを解釈し、吸収し、再分節化することによって内側からそれを規制するような権力形態のこと」であり、「生をくまなく包囲する」機能と「生を行政的に管理する」任務がある。（19）

〈20〉マルチテュード multitude　オランダの哲学者B・スピノザに由来する言葉であるが、ネグリとハートの唱えるマルチテュードは、「帝国」的権力に抗する集団的主体、ネットワーク状の権力のことである。その特徴のひとつは、人民、大衆、労働者階級といった社会的主体を表すその他の概念から区別されるものであり、またひとつは、包括的で開かれた概念であり、近年のグローバル経済に見られる重要な転換を取り込むものである。（6、19、20）

〈21〉一九七〇年代イタリア知識人活動家たちの運動　一九七〇年代のイタリアの議会外新左翼運動は一九七七年に頂点に達するが、このときの「運動」はしばしばアウトノミア Autonomia として語られている。アウトノミアは「支配的な制度からの自立」。すなわち政治的諸制度（国家、政党、労組）、経済的諸制度（資本制的生産機構）、文化的諸制度（ブルジョワ的イデオロギー、習慣、道徳）からの自立」を目的とし、上部からの中央集権主義に対して「労働者の自立の上に闘争を組織し、また下部からの中央集権の上の党組織の建設」を目指して活動を開始した。この運動は「解放主義」を代表する文化運動（「自由ラジオ」と呼ばれる、新しい市民の関係をつくるコミュニケーション手段として考えられた、海賊放送とほぼ同義のラジオ活動あるいは雑誌刊行など）を進める創造的なグループ、「イデオロギー」を代表するネグリを中心とするパドヴァ大学の教授グループ、下層労働者、失業者などによる大衆的武装グループの三つの特徴に分類される。七〇年代前半を代表する運動として「ポテーレ・オペライオ」（一九六七～七三年、ピサで結成、パドヴァのネグリなどが中心的指導者）、ポテーレ・オペライオのピサのグループから生じた「ロッタ・コンティヌア」、共産党左派から生じた「マニフェスト・グループ」「アヴァンギャルディア・オペライア」が挙げられる。（1、6、8、35）

〈22〉オペライスタ、あるいはワーカーイスト　オペライスタOperaistaとは、一九五〇年代から六〇年代にかけてイタリアで展開された新左翼理論運動「オペライズモ」（労働者主義）の構成員を指す。オペライズモは、七〇年代のアウトノミア《オートノミー》と比較すると、より理論的な自律性を目指した運動である。一九六〇年代のイタリアには、共産党や労組に属する従来の職人的な労働者階級と、イタリア南部からの移民、労働者であることに無自覚な二種類の労働者がいたが、オペライスタたちはシステムに吸収されない新たな主体として後者に着目し、スト、労組に参加しない彼らとコンリチェールカ（一八六ページ）を組織し、彼らの行動様式が潜在的で革命を実行可能な性質であることに着目した。オペライスタは大衆労働者（テイラーシステムの生産ラインの労働者）と呼ぶ階級として彼らを特定したうえで、資本だけでなく労働力である自らにも抗する新たな主体の構築の可能性を問題にした。そして労働の拒否を出発点に位置づけ、闘争によって資本システムの再編成がなされる、という「闘争の先行性」を唱えていった。代表的な理論家としてラニェーロ・パンツィエーリ、マリオ・トロンティ、アルベルト・アゾール・ローザ、マッシモ・カッチャーリ、マリアローザ・ダッラ＝コスタなど。（1、6、7、8、35）

〈23〉敗北した共産主義の「ポスト・ポリティカル」と「ポスト・イデオロギー」　旧ソ連が経済危機にともなう国力の低下によって東ヨーロッパでの影響力を弱めたことを背景に、一九八〇年代末、市民や労働者によって共産主義政権が次々と倒された一連の民主化革命（東欧革命）が起こる。その後一九九〇年代初頭のバルト三国の独立とソ連崩壊により、西欧諸国の共産党は影響力を弱める、あるいは名称を変えて中道、リベラリズムへと路線変換を余儀なくされた。

〈24〉一九六九年の熱い秋　学生反乱に象徴される一九六八年に対して、労働者の街頭行動に象徴される一九六九年は「熱い秋」と呼ばれる。この年は、三年ごとの労働協約の改定の年であったが、またそれまで政党系列に分岐していたイタリア労働総同盟、イタリア勤労者組合同盟、イタリア労働連合の三大労組ナショナルセンターが統一行動をとり街頭行動が盛んになったことで、翌年に労働者憲章の制定につながった。これにより、労働者の団結権や職場内集会の自由などの労働者の基本的権利の保障や週四〇時間労働制が実現し、また年金、住宅、南部開発などの社会的改革の面でも重要な成果を収めた。労働組合の統一と政党からの独立の動きに関しては、とくに北部の経営内に出現した底辺委員会が労働組合に前述の議会外新左翼運動に対応し運動を推進した。底辺委員会は工場における大衆的自治の新しい形態としてつくられたもので、大部分は組合に属さない南部や農村からの出稼ぎ労働者であり、また学生や前記新左翼の勢力も合流した。彼らは労働総同盟や共産党と衝突、とくに労働総同盟と鋭く対立したが、総同盟は底辺組織を包含する方向転換を図り、彼らのエネルギーを利用しつつその要求を改革プログラムに織り込むことで、政党とは独立して諸改革を推進することになった。（3、6、7、8）

〈25〉一九六八年の学生抗議運動　一九六〇年代のフランス、ドイツ、イタリアにおいては、学生人口が急速に膨張し、それにともなう深刻な諸問題が学制の根本的改革を要求するという共通の問題があった。政府の大学改革構想に端を発したイタリアの学生運動は、とくにフランスの五月革命とチェコ事件に強い影響を受け、その後、一部の学生たちは「ポテーレ・オペライオ」「ロッタ・コンティヌア」「イル・マニフェスト」など、アウトノミアを代表する議会外新左翼グループとともに労働運動に近づいた。（3、6、7、8）

〈26〉一九七七年の急進活動家の抗議運動　七〇年代、各地の自立した労働者グループや活動家グループは全国規模で運動の組織化を図っていた。一九七七年の一般にアウトノミアと呼ばれる「運動」の契機は、二月のローマ大学構内でのファシストによる民主派学生襲撃であり、一人が負傷した。翌月以降「運動」と弾圧する警察双方の攻撃が過激化し、イタリア全土で暴力的なデモ、警察との衝突による発砲事件などが繰り返された。（6、8）

〈27〉マリオ・トロンティ Mario Tronti（1931-）　オペライズモの代表的思想家。一九六一年にパンツィエーリとともに『クァーデルニ・ロッシ』を創刊。一九六四年にそこから別れて月刊誌『クラッセ・オペライア』を創刊する。この活動により共産党を一時離党するものの、六〇年代オペライズモの理論的指導者として運動の促進と理論の普及に貢献した。とくに、労働者政党と労働組合といった労働運動の伝統的な諸組織を批判し、マルクス主義の知識人が労働者階級と工場闘争とに直接結びつくことを志向した。（7）

〈28〉 ソーシャルワーカー Social worker　本稿で用いられる「ソーシャルワーカー」とは、一般に用いられる意味（社会福祉事業に従事する人）だけでなく、「社会化された労働者」を意味する。ネグリとハートは、労働における主導権が工業労働から非物質的労働に移ったことを指摘し、非物質的労働を介護労働などの情動労働と他方での問題解決や象徴的・分析的作業、言語的表現といった主として知的ないしは言語的労働を統一的にとらえた。（20）

〈29〉 アルド・ロッシ Aldo Rossi（1931-97）　イタリアの建築家、理論家。ミラノ工科大学でE・N・ロジェルス、ジュゼッペ・サモナー（一八二ページ）に師事、一九五九年卒業。在学中より『カーザベッラ・コンティヌイタ』に寄稿、一九六四年まで編集に携わる。一九六四年建築設計事務所開設。ヴェネツィア建築大学、ミラノ工科大学、チューリッヒ連邦工科大学で教職に就いた後、ヴェネツィア、ニューヨークなどで建築教育に携わる。著作『都市の建築』『科学的自伝』などを発表し、《ガララテーゼ集合住宅》《ホテル・イル・パラッツォ》《ボンネファンテン美術館》《サン・カタルド墓地》などの建築作品を手掛けた。作品においては、ロースやブーレーの研究をもとに啓蒙主義と合理主義の考えを引き継いで、柱、円筒、幾何学的形態といった古典建築の要素を反復させ、旧来のヨーロッパ都市の形態学にもとづいて現前の都市と市民生活に関わる機能等についての理論を展開した。一九九七年に自動車事故のため死亡。（21～23、40～43、45）

〈30〉 マンフレッド・タフーリ Manfred Tafuri（1935-94）　イタリアの建築史家、建築批評家。一九六〇年ローマ大学建築学科博士号取得。一九六八年ヴェネツィア建築大学教授に就任、同大学建築史研究所を設立。研究的著作の刊行や評論活動をとおして一九七〇年代から八〇年代の欧米の建築思潮に多大な影響を与えた。著作 *Teoria e Storia dell'architettura*（1968）で、ギーディオン、ペヴスナー、ゼーヴィら建築史家の操作的批評を批判した。反計画主義の雑誌『コントロピアーノ *Contropiano*（1969, no.1）』にヴェネツィア派の一人として参加、近代建築史をマルクス主義的な意味でのイデオロギー批評という観点から読み直した「建築イデオロギー批判」を発表した。その他の代表的著作として *Progetto e Utopia*（『建築神話の崩壊』一九七三年）、*Architettura contemporanea*（『現代建築』一九七六年）、フランチェスコ・ダル・

コとの共著、*La sfera e il labirinto : Avanguardia e architettura da Piranesi agli anni '70*（『球と迷宮』一九八六年）などが挙げられる。（21、24、25、34）

〈31〉 **ピーター・アイゼンマン Peter Eisenman（1932-）** アメリカの建築家、イェール大学教授。コーネル大学で学士号、コロンビア大学建築大学院で修士号を取得。一九六九年のニューヨーク近代美術館 The Museum of Modern Art, MoMA の展覧会以降、ニューヨーク・ファイブの一人として知られるようになる。一九六七年に建築都市研究所 Institute for Architecture and Urban Studies, IAUS を創設し、一九八二年までディレクターを務めた。IAUS の研究成果として『オポジションズ *Oppositions*（1973-84）』を出版したほか、多くの論文、著作を発表した建築理論家でもある。言語学や哲学を参照した論文や建築作品を発表し、とくにパリ・ラ・ヴィレット公園の一角のプロジェクト《コーラル・ワーク》（未完成）でのジャック・デリダとの協同はその代表的な作品のひとつである。一九八八年の MoMA での企画展「脱構築主義の建築」展への参加など、現代思想と関連した批評と理論を発表した。（34）

〈32〉 **コーリン・ロウ Colin Rowe（1920-99）** イギリス出身のアメリカの建築批評家、建築理論家。プリンストン大学、ハーヴァード大学などの教職を歴任、一九九〇年よりコーネル大学名誉教授となった。分析対象としての建築物をそれぞれの時代的背景から切り離してとらえた形態分析等の方法は、その後の研究者たちやアイゼンマンら建築家たちに大きな影響を及ぼした。代表的な論考として、ル・コルビュジエとパラディオの比較から近代建築にマニエリスムとの類比を見出した The Mathematics of Ideal Villa and Other Essays（『マニエリスムと近代建築』）が挙げられる。フレッド・コッターとの共著に *Collage city*（『コラージュ・シティ』）など。（34、46）

〈33〉 **テクノ・ユートピア** 一九五六年に CIAM の解体を招いたチームXなど当時の若手建築家グループ、チームXから派生したブルータリズムや構造主義、あるいはそれに影響されたアーキグラムやメタボリズムの建築家たちが描いた理論、計画案、ドゥローイングなどに表される機能的建築技術の美学にもとづいた都市のイメージなどが例として挙げられる。

〈34〉『カーザベッラ・コンティニュイタ *Casabella Continuitá*』　原型のLa Casa Bellaは一九二八年にミラノで創刊。ファシスト政権下の一九四三年に国民文化省の命令で廃刊。第二次大戦後、BBPRのメンバーであったE・N・ロジェルスの編集方針のもと、一九五三年に再刊される。ロジェルスは六四年まで編集長。国際的なテーマをとりあげ、近代運動の根源的な分析を行った。評論と歴史をとりあげることを方針として、理論的な論題を直接プロジェクトの論題として採用し、理論と実践の双方から、認識として建築を判断するという立場をとった。（21）

〈35〉カルロ・アイモニーノ Carlo Aymonino（1926-2010）　イタリアの建築家、著述家。一九五〇年代ネオレアリズモ運動に同調。ヴェネツィア建築大学、ローマ大学で教鞭をとる。一九六七年に《ガララテーゼの集合住宅》の計画でロッシを招聘し協働した。一九七〇年代以降ローマの歴史的中心地区の保全・文化財修復、都市計画に取り組む。都市類型学的手法を活用し都市研究を行うほか、ローマでは建築物個別に保存修復マニュアルをまとめあげ、都市再生施策に重要な役割を果たした。（21、42、45）

〈36〉ジュゼッペ・サモナー Giuseppe Samonà（1898-1983）　イタリアの建築家、都市計画家、著述家。一九四五～七四年、ヴェネツィア建築大学で教鞭をとる。就任後にスカルパ、ガルデッラ、ゼーヴィ、アイモニーノ、タフーリ、ロッシらを召喚したことにより、同大学には重要な建築のコミュニティと文化が築かれた。都市計画家としては、戦後展開された、建築群とインフラを総合した都市計画の手法を用いて大規模な開発計画を提案した。一方で理論においては、都市内部の歴史的組織構造に着目することで大都市の利点を擁護し、地域主義を提唱するマンフォードを批判した。（21、42、51）

〈37〉もうひとつの別の「ヴェネツィア派」　タフーリ、マッシモ・カッチャーリやフランチェスコ・ダル・コ、ジョルジオ・チウッチやマリオ・マニエリ＝エリアなどによるグループで、都市・建築理論における歴史分析で知られる。

〈38〉テンデンツァ La tendenza　一九六〇年代後半に、アルド・ロッシがジョルジョ・グラッシ Giorgio Grassi（1935-）、ジャンカルロ・デ・カルロ Giancarlo de Carlo（1919-2005）らとともに結成した建築家グループ。一九七三年の第一五回トリエンナーレでの企画展で国際的に知られるようになる。一八世紀、中産階級が台頭した時期の新古典主義建築を政治的根拠としている。類型学上簡潔で明快な建築の回復と都市空間の優位性を主張したことにより、新理性主義建築運動と見なされている。名称について、たとえばネグリが著書『マルチテュード』において、テンデンツァはマルクスの方法論だったと述べるように、当時の左翼主義者たちはマルクスの唱える「階級」を巨大な構成体と見なし、その「傾向」（趨勢、方向性）の把握を課題としていたことが背景にある。「テンデンツァ」運動のメンバーの大半は共産主義あるいは社会主義に共鳴していた。（6、20、40）

〈39〉カルロ・スカルパ Carlo Scarpa（1906-78）　イタリアの建築家。ヴェネツィアに生まれ、職人のもとでの長期間の見習いの後、一七歳から建築家ヴィンチェンツォ・リナルドの事務所で設計活動を始める。一九二六年王立ヴェネツィア美術アカデミー卒業。ヴェネツィア建築大学教授。近代機能主義や機械美学から距離をおき、職人的・工芸的な作品を残した。（21）

〈40〉アルキズーム Archizoom Associati　一九六四年にアンドレア・ブランジ、ジルベルト・コレッティ、マッシモ・モロッツィ、パオロ・デガネッロらによって結成されたフィレンツェの建築家集団。波打つ形のソファー「スーペルロンダ」などの家具や照明デザイン、消費社会を批評する空想的な建築、大規模な都市のヴィジョンを提示した。一九六六年にスーペルストゥディオとともに「スーペルアルキテットゥーラ」展を開催、一九七〇年『カーザベッラ』（No.350、51）に「大都市のイデオロギーと理論」、一九七一年『ドムス *Domus*』（No.496）に代表作品、無限の人工的均質空間《ノー・ストップ・シティ》を発表。一九七四年、グループ解散後メンバーはおもにインダストリアル・デザインに携わっている。（21、26、44）

〈41〉スーペルストゥディオ Superstudio　一九六六年にアドルフォ・ナタリーニとクリスティアーノ・フランシアが結成、その後ロベルト・マグリス、ジャン・ピエロ・フラッシネッリ、アレッサンドロ・マグリス、アレッサンドロ・ポリが参加したフィレンツェの建築家グループ。アルキズームとともにラディカル・アーキテクチュアを代表する。実作はほとんどないが、グリッドを建築デザインのモチーフに多用し、資本制社会を批評した表現のドゥローイングで注目された。一九七二年にMoMAで「イタリア：新しいドメスティック・ランドスケープ」展に参加。代表作品に建築的遺産や都市に巨大な構造体をモンタージュしたドゥローイング「コンティニュアス・モニュメント」（一九六九年）、「一二の理想都市」など。一九七三年解散。（21）

自律性《オートノミー》と左翼運動

〈1〉クロード・ルフォール Claude Lefort（1924-2010）　フランスの政治哲学者。メルロ＝ポンティに師事。一九四九年にコルネリュウス・カストリアディスとともに雑誌『社会主義か野蛮か』を創刊。マキャベリやメルロ＝ポンティについての研究やヨーロッパの共産主義、東欧諸国の官僚支配体制（全体主義）の分析・哲学的考察で知られる。民主主義を全体主義の対極にある概念ととらえ、利害の相違や意見の対立、時には相容れない様々な世界観の共存を承認し民主主義の哲学を構築した。

〈2〉ラニェーロ・パンツィエーリ Raniero Panzieri（1921-64）　イタリアの政治家、翻訳家。イタリア社会党ローマ支部、シチリア支部長を務め、またその間に党機関紙を監修、またマルクス『資本論』第二版のイタリア語訳を行った。トロンティとともに、オペライズモの創始者の一人と見なされている。（6、7）

〈3〉『クァーデルニ・ロッシ』　一九五六年のハンガリー動乱をきっかけに、パンツィエーリ、トロンティを中心とする共産党の方針から離脱した知識人たちによって創刊された雑誌。新左翼運動の形成に重要な役割を果たしたが、創刊時のメンバーであるマリオ・トロンティ、アルベルト・アゾール・ローザ、マッシモ・カッチャーリ、ロマーノ・アルクアーティらが一九六三年に脱退して『クラッセ・オペライア（労働者階級）』を創刊した。（6、7）

〈4〉スターリンによる大粛清 political excesses　一九三〇年代にスターリンが行った大規模な政治的抑圧で、ソヴィエト連邦共産党内における幹部政治家の粛清にとどまらず、一般党員や民衆にまで及んだ。一九三四年、スターリンの有力な対抗馬であった共産党幹部の暗殺事件を機に、反対派に対する大規模な粛清、大量テロが開始された。レーニン時代の旧指導層はごく一部を除き絶滅した。

〈5〉赤軍による血の鎮圧 bloddy suppression　ハンガリー動乱。一九五六年一〇月にハンガリーで起こった反ソ暴動を「反革命」と断定したソ連は、軍事介入に踏み切り数千台の戦車でブダペストを制圧するとともに、前首相で復職したナジ・イムレを解任しスターリン派のカーダールを据えた。ナジ・イムレはソ連に連行され処刑された。カーダールは改革派を大量処分し、ハンガリー反ソ暴動は終結した。この動乱でハンガリー、ソヴィエト両国とも多数が犠牲となった。

〈6〉レーニンのボルシェヴィキ運動 Большевики, bol'sheviki　ロシア社会民主労働党の多数派、ウラジーミル・レーニンが率いた左派の一派。少数の革命家の主導する暴力革命を主張し、中央集権による組織統制が特徴。「ロシア革命は、民主主義の実現にとどまらず、社会主義の実現に向かうべき」と唱え、「パン・土地・平和」をスローガンとして掲げ、平和を求める大衆の意見を尊重すべきとした。革命後、一九一八年共産党と改称。ロシアにおいては、共産党以外の政党を認めない一党独裁となり、コミンテルン発足後、世界の共産党を指導する立場になった。

〈7〉カール・ハインリヒ・マルクス Karl Heinrich Marx (1818-83)　ドイツ出身の経済学者、思想家、革命運動家。フリードリヒ・エンゲルスとともに、一八四八年『共産党宣言』を発表した。これにより、科学的社会主義の原理と階級闘争におけるプロレタリアートの役割などを述べ、労働者の団結を呼びかけた。資本制の分析を研究の中心に据え、その矛盾を指摘することにより共産主義の現実化を目指す。包括的な世界観として「マルクス主義」あるいは「科学的社会主義」と呼ばれる理論をうちたて、資本制体制に対する革命運動に尽力。資本の高度な発展により、労働者《プロレタリアート》が革命によって資本家《ブルジョアジー》を打倒することは歴史の必然であるとし、共産主義社会の到来を説いた。マルクス主義 Marxism は社会主義思想体系のひとつで、資本の発展法則を解明して、生産力と生産関係の矛盾から社会主義へ移行するのは必然的な結果であるとし、その社会変革は労働者階級によって実現されると説いた。共産主義運動の理論的根拠となる。本論の場合の

〈8〉マルクス主義は、マルクスとエンゲルスの思想を一体としたものを指す。
コンリチェールカ《共同調査》　一九五〇年代のイタリアでは、労働者階級は資本制のシステムに吸収されたという考えが広まっていた。当時のイタリアの工場には南部からの移民が現れたが、彼らは労働者としての自覚のない、労働運動に無関心な主体だった。コンリチェールカとは、オペライスタたちが彼らの出現に関心をもち、彼らがなぜ労働運動に参加しないのかなどを理解するために組織した活動。とくに一九六二年のトリノの憲法広場での労働者たちの暴動に関して、そういった労働階級の新たな行動様式、自律性を解明するために重要な活動となった。(35)

〈9〉経済計画 economic planning　経済の資源配分を市場の原理に任せるのではなく、国家が中央集権的な政治体制のもと労働以外の資源を所有し、政府の策定した計画にしたがい生産・分配・流通・金融を統制、資源配分を行う経済体制のこと。

〈10〉アドルフ・バール Adolf A.Berle（1895-1971）　アメリカの外交官、作家、教育者。一九一三年ハーヴァード大学卒業、一九一六年ハーヴァード法科大学院修了。一九一七年ボストン市内で弁護士業開業。一九四八年パリ講和会議に合衆国代表として参加したが、ヴェルサイユ条約に異議を申し立てて辞任。一九二七〜六四年コロンビア大学法科大学院教授。一九三三年フランクリン・ローズヴェルト大統領の助言者の一人となったとき、ニューディール政策や善隣外交についての実務的作業を行った。

自律性《オートノミー》と知識人たち

〈1〉イタロ・カルヴィーノ Italo Calvino（1923-85）　キューバ生まれのイタリアの小説家。トリノ大学農学部在学中、一九四五年のイタリア解放までパルチザンに参加。戦後トリノ大学文学部に編入。卒業後、エイナウディ社編集部に所属、イタリア共産党員として活動しながらネオレアリズモの作家としてデビューした。一九五六年、ハンガリー動乱などの社会的動向の影響で離党し、作品も悲観主義へと転じ寓話と現実の物語に分化させた。一九五九年代末にイタリアの新資本主義社会への変貌を見て、作家・批評家のエリオ・ヴィットリーニとともに文芸雑誌

〈2〉『メナボ』誌を刊行して新たな文学の地平を切りひらこうとした。

〈3〉ピエロ・パオロ・パゾリーニ Pier Paolo Pasolini（1922-75）　イタリアの映画監督、脚本家、詩人。一九三九年ボローニャ大学入学。共産党除名後はローマに移り、極貧のなかで詩作・小説の執筆を続ける。映画のシナリオ作家、監督としても活躍しはじめ、一九六〇年、長編『アッカトーネ』を監督する。以後、詩作や言語論、記号論、映画論の傍ら、次々と映画監督としての作品を発表した。いくつかの作品で資本主義を風刺あるいは批判し、戦後の高度に組織化された消費社会が新しい形態のファシズムであると発言した。

〈4〉フランコ・フォルティーニ Franco Fortini（1917-94）　フィレンツェ生まれの詩人、評論家。ブレヒト、ゲーテの翻訳者。第二次世界大戦後期にパルチザンとして北部山岳地帯で解放戦争に参加。レジスタンスに参加した経験をもとに、戦後ミラノの総合文化誌『ポリテクニコ』誌やトリノの文芸雑誌『メナボ』誌の編集に携わる。文学論においては初期に専門家主義、美学、政治性などを主題とし、評論では専門家（知識人）と大衆（労働者）との関係と自律性、新資本制社会における知識人の条件などを論じた。（40）

〈5〉マックス・ヴェーバー Max Weber（1864-1920）　ドイツの社会学者、経済学者、思想家。彼の思想は西欧近代文明を特定しようとする探求から生じた比較文明論的視座、そしてこのことを学問的に可能にするための社会科学の方法のふたつに大別される。後者の経済と社会についての論考に関しては、『支配の社会学』においてカリスマ的支配、伝統的支配、合法的支配を支配の三類型として提示したことがとくに知られている。（17、18）

profession　著者が意味するヴェーバーの専門家とは、たとえば政治分野においては、単に専門訓練を受けた官僚たちではなく、官僚制システムの枠外にいながらそれに助言し、あるいは統制するなど、何らかの影響を与える政治家、政治指導者などを指している（『職業としての政治』においては政治指導者にはさらに、心情倫理と、知識と経験にもとづいた的確な判断を下すような責任倫理をもちあわせた資質が望まれている）。しかしながら、ヴェーバーは専門、または専門家について、著作を通して一貫する定義を明確に示してはいない。たとえば『プロテスタンティズムの倫理と資本主義の精神』においては、プロテスタンティズムの禁欲の精神から生まれた、労働を「天職」と見なすような合理的生活態度、「専門の仕事への専念」が労働の「生産性」を促進させて資本制の近代的経済秩序の発展に力を貸した一方で、禁欲の精神そのものが失われたことを指摘する。さらに、近代化への文化発展の最後に現れるだろう末人が「精神のない専門人、心情のない享楽人」であろうと述べるなど、近代の専門人に対して批判的でもある。ちなみに、「末人」あるいは「おしまいの人間たち」（Letzte Menschen）とは、ニーチェの『ツァラトゥストラはこう言った』から引用された言葉である。それは「超人」の正反対の存在であり、もはや創造する意志をもたない、最低の軽蔑すべき者である。ニーチェによれば、彼らは貧しくも富んでもいなく自らが幸福をつくり出したと信じ、ひたすら安楽を求めている。（17、50、52）

〈6〉美学の分離　たとえばフォルティーニは、美学と政治の関係は切り離せず互いに必要、という考えを初期の古典文学論に示していた。また、知識人とその専門的あるいは美学的機能との関係について「知的労働機関は文化の政治的側面であるから、文化と政治性を分離することはできない」と発言している。（39）

〈7〉グルッポ Gruppo '63　一九六三年にパレルモで結成された前衛的な文学・美学グループ。一九五〇年代の伝統的な枠組みを踏襲した文学作品に対し批判的な態度をとる。ネオレアリズモの小説やエルメティズモ（両大戦間にイタリアで興った詩の流派。錬金術主義と訳される）の詩の書法に対して異を唱え、新しい表現形式を試みようとする詩人、作家、評論家、学者などが参加した。「宣言」のような共通見解をもたなかったため意見の対立が鮮明化し、一九六八年の学生運動の渦へ吸収される形で解散した。参加者には、『薔薇の名前』で知られるウンベルト・エーコなどがいた。

〈8〉アントニオ・グラムシ Antonio Gramsci（1891-1937）　イタリアのサルデーニャ島生まれの思想家、イタリア共産党創設の中心人物。トリノ大学進学後、社会主義運動に身を投じ、社会党機関紙などで論陣を張った。第一次大戦後にトリアッティらとともに社会主義文化週刊紙『オルディネ＝ヌオーヴォ（新秩序）』を創刊し、労働者による自主管理を軸とする工場評議会運動を進めた。その後、イタリア社会党の分裂のなかからイタリア共産党結成に加わる。一九二四年党書記長となるが二六年ファシスト政権に逮捕され、二〇年間の禁固刑判決を受ける。グラムシの思想は獄中で練り上げられ、彼の死後にその遺稿は『獄中ノート』としてまとめられて第二次大戦後の社会思想・理論に影響を与えた。とくに国家のヘゲモニー（強制や恐怖による権力支配とは異なり、人々の合意による権力掌握）に関する考察は後にルイ・アルチュセール Louis Althusser（1918-90）の「国家のイデオロギー装置」議論で展開される。また、ある組織の「器官となる」有機的知識人という概念は、六〇年代以降の左翼運動のなかで再び議論された。

〈9〉ピエールジョルジョ・ベロッキォ Pierregiorgio Bellocchio（1931-）　イタリアの批評家、作家。一九六二年に政治文化誌『ピアチェンティーニ・ノート *Quaderni Piacentini*』を創刊し、八四年の終刊まで活動する。その他に左翼運動機関誌、出版社の編集長などを務め、文学誌『ディアーリオ』を創刊した。

〈10〉ラディカル・アーキテクチャー radical architecture　美術批評家ジェルマーノ・チェラントが、MoMAの企画展「イタリア：新しいドメスティック・ランドスケープ」のカタログの寄稿文で考案した造語、寄稿文のタイトル。チェラントはその論考において、当時の建築家とデザイナー、とくにアルキズーム、スーペルストゥディオと9999について、建築やデザインの「概念」を生みだすのではなく、あまり概念的でないプログラムをつくることを指摘する。しかしそのことで表現が自由になり、目的以外のものと関わらせずにオブジェやコンセプトを完全にできること、自由な言動が可能となると述べ、そのような純粋状態の建築とデザインを「ラディカル・アーキテクチャー」と特定した。この企画展は、ロジェルスの後任のメンディーニが監修した『カーザベッラ』1972.6. No.376で特集された。（38）

〈11〉マッシモ・カッチャーリ Massimo Cacciari（1944-）　イタリアの哲学者、美学者、政治家。パドヴァ大学にてカント『判断力批判』の論文で学位を得る。『クァーデルニ・ロッシ』『クラッセ・オペライア』『コントロピアーノ』など、議会外新左翼運動の機関誌に関わっていたが、七六年に共産党員となる。その過程において「否定的思考」を進めることで、「弱い思想」そして自律性・肯定性を表す無垢な思想とも対立する位置を占めた。八四年に共産党を去り、その後ヴェネツィア市長を務めた。邦訳書に『必要なる天使』（人文書院）、『死後に生きる者たち』（みすず書房）など。（5）

パンツィエーリ：資本制と技術革新は同一である

〈1〉イタリア社会党　労働者運動の広がりのもと、一八九二年に結成されたイタリア初の社会主義政党。初期は左翼勢力の中心として大きな勢力をもったが分裂、第一次大戦後にファシスト党の拡大により弱体化した。第二次世界大戦後、キリスト教民主主義、民主社会党、共和党と中道左派連立政権を組み、一九八〇年代のクラクシ首相時代は戦後イタリア史上最長の内閣となる。一九九八年、イタリア社会党の再建を期してイタリア民主社会主義者SDIが結成され、事実上解体した。

〈2〉一九六〇年代の新しい産業風景　一九五〇年代のイタリアは、朝鮮戦争やヨーロッパ共同体の発足といった国際的経済環境を背景に急速な経済成長をとげた。一九六〇年代初頭には大衆的消費時代を迎え、中盤にはイタリア人の二五％が西欧的生活水準に達したとされる。そしてこの経済的近代化によって、分益小作人や日雇い労働者の土地獲得、工業化にともなう新しいカテゴリーの従業員（熟練労働者、技術者、公企業の職員）の誕生など、社会的には新しい中産階級を生みだした。一方で、南部問題に代表される農村と都市の格差、工業における二重構造といった問題も生じた。

〈3〉『資本論』　マルクスの主著。経済学書、全三巻。一九六七年第一巻『資本の生産過程』刊行。マルクスの死後、エンゲルスにより遺稿が整理され、一八八五年第二巻『資本の流通過程』、一八九四年第三巻『資本主義的生産の総過程』刊行。原題の直訳は「資本―経済学批判」。史的唯物論を基礎としながら、古典派経済学の批判的検討により商品から地代にいたる範疇規定と資本経済の運動法則を解明した。

〈4〉フリードリッヒ・エンゲルス Friedrich Engels（1820-95）　ドイツの社会思想家、経済学者。マルクスと科学的社会主義を創始。『ドイツ・イデオロギー』『共産党宣言』を共同で執筆。マルクス死後は社会運動に参加しつつ、その遺稿を整理して『資本論』の第二、三巻を刊行。おもな著作に『空想から科学への社会主義の発展』『家族・私有財産・国家の起源』など。

〈5〉イヴレアのオリヴェッティ工場　事務機械、情報処理機器メーカーで、かつてはフィアットなどとともにイタリアを代表する歴史的会社だった。一九〇八年カミロ・オリヴェッティ Camillo Olivetti（1868-1943）により、イタリア初のタイプライター工場として創設された。一九二〇年代末までにタイプライターの量産体制を確立。一九三二年株式会社に改組。計算機分野に進出し、一九四八年世界最初の電動式記録卓上計算機を発売。一九五〇年代コンピュータの開発を進め、一九五九年イタリア最初の電子計算機を発表。一九六〇～七〇年代に、エレクトロニクス化を進め情報処理部門の比重を高めた。近年、イタリアの電気通信会社に買収された。

〈6〉アドリアーノ・オリヴェッティ Adriano Olivetti（1901-60）　技術者、事業家、政治家。父カミロ・オリヴェッティによって創設されたオリヴェッティの事業を継承。一九三〇年代に世界的に活動を拡大し、組織的計画によって社を改革、工業都市の規範に則って工業と社会施設の統合を図った。一九五〇年代には研究開発と海外事業展開を積極的に進め、世界有数の事務機器メーカーの地位を築いた。また一九四八年に、社会的文化的視座よりモヴィメント・コムニタという文化運動を創設、五八年にその主旨で政治運動に参加した。

〈7〉疎外 alienation, Entfremdung　哲学、経済学における疎外とは、本来自分のものであるはずのものが外に出たまま戻らない現象、あるいは逆に自分を支配する外部の力として現われることである。マルクスは著書『経済学・哲学草稿』において資本主義における賃労働では疎外が発生していると主張して、以下の四つの疎外を指摘した。⑴労働者の、労働の成果からの疎外。人間自身が作った労働の成果は本来自分のものであるはずだが、賃労働制においてはそれが自分から離れて、商品、つまり資本家など他人のものになることをさす。⑵労働に対する自らの意志（やりがい）からの疎外。本来人間にとって創造的な活動であるはずの労働が賃労働制によってゆがめられ、強制された活動となり、つまり「生命の躍動」としての活動が「生命を犠牲にする」活動となる。そのように疎外された、外化された労働によって、自己を感じることができなくなる状態をさす。(3)類的疎外。マルクスは、人間が動物とは異なり、労働という制作活動を通じて自己を表現できる生き物であると考え、このことから人間を一つの類的存在であるとみなしていた。しかしながら賃労働制において、疎外された労働は、人間の制作活動の対象を奪い、自己の活動を、単に商品を生み出す手段にまで引き下げてしまった。このようにして疎外された労働が、類としての人間の本質、制作を通じて自己表現することを疎外することになる。この状態を類的疎外という。(4)人間（他人）からの疎外。本来人間は創造的な活動である労働の生産物を他人に与えることで幸福を感じ、また自己実現を覚える。しかし資本主義社会において生産物は、一人の人間が作る労働生産物の意味をもたなくなり、単なる商品となり、その結果、それまでの生産物を通じた人間と他人との関係が断たれる。また、上記(1)(2)(3)による疎外された労働という関係において、人間は類的に疎外された労働者となることで、彼は自身と対立する。そしてこの人間の自分自身についての関係は人間の他の人間との関係についても該当する。どの人間も、彼自身が類的に疎外された労働者としての尺度や関係に従って、他人をみることになり、たとえば労働時間を短くする、あるいは他人のものである商品を安く買うなど、それぞれの人間が利益を対立させることになる。この状態を人間からの疎外という。(15)

〈8〉ジョルジュ・フリードマン Georges Philippe Friedmann (1902-77)　フランスの社会学者。機械と人間の関係をおもなテーマとし、労働の現状に即した考察とともに人文主義的な立場から文明批評を展開した。主著に『工業機械化の人間的問題』（一九四七年）、『人間労働の未来』（一九五一年）、『細分化された労働』（一九五五年）など。

〈9〉『ミニマ・モラリア』（一九五一年）　第二次世界大戦末期から戦後（一九四四～四七年）にかけて、アメリカ亡命中のテオドール・W・アドルノがホルクハイマーとの間に交わした一連の会話を文書化したもの。「亡命下の知識人の身辺にまつわる省察が文化の諸領域を含めた一般社会の次元に展開され、哲学上の認識に及んで締めくくられる」。アドルノ著、三光長治訳『ミニマ・モラリア―傷ついた生活裡の省察』四〇四ページ、「訳者あとがき」法政大学出版局、一九七九年。(12)

〈10〉イエロー・ユニオン　中道の労働組合。代表的な組織としてUIL イタリア労働連合 Unione Italiana del Lavoro がある。イタリア三大労働組合中央組織のひとつ。一九五〇年、イタリア労働総連盟から分裂した社会民主党系と共和党系の労働者らによって結成された。

〈11〉イタリア労働総同盟　イタリア最大の労働組合中央組織。一九四四年六月、共産党、社会党、キリスト教民主党の代表が「ローマ協定」を結び、統一的な労働総同盟の結成への合意が成立し創立された。一九五〇年に、社会党とキリスト教民主党が脱退した後は共産党に大きく影響された。

トロンティ：社会はひとつの工場である

〈1〉アルベルト・アゾール・ローザ Alberto Asor Rosa (1933-)　イタリアの文学史家、ローマ大学教授。『クァーデルニ・ロッシ』『クラッセ・オペライア』でマリオ・トロンティと協同し、作家の社会的責務をめぐる論文を発表した。一九六八年に『コントロピアーノ』の編集長を務め、また一九九〇年よりイタリア共産党の機関誌『再生 *rinascita*』の編集などに関わった。主著に『プラトリーニ論 *Vasco Pratolini*』(一九五八年)、『作家と民衆 *Scrittori e popolo*』(一九六五年)、『トーマス・マンすなわちブルジョアジーの曖昧性 *Thomas Mann o dell'ambiguità borghese*』(一九七一年)、『知識人と労働者階級 *Intellettuali e classe operaia*』(一九七三年)など。

〈2〉『クラッセ・オペライア』　一九六四年に『クァーデルニ・ロッシ』から派生して生まれた運動体・左翼系労働運動史誌。マリオ・トロンティやアゾール・ローザらが中心となり、党や労働組合には頼らない労働者の組織化のもつ政治的重要性の理論化を行った。一九六七年三月廃刊。(7)

〈3〉ノー・ストップ・シティ No-Stop City　アルキズームが提唱したアンビルドのプロジェクト。一九六九年に開始され、七〇年に「都市、社会問題のアッセンブリーライン　大都市のイデオロギーと理論」というタイトルの論考とプロジェクトが『カーザベッラ』（No.350-51）に、つづいて『ドムス』（No.496, 1971.3）に無限の人工的均質空間「ノー・ストップ・シティ」が発表された。当時のテクスト、写真、ドゥローイングなどをまとめた作品集、Anderea Branzi, ed., *No-Stop City, Archizoom Associati*（HYX: Orléans, 2006）が出版されている。（26）

〈4〉『労働者と資本』　イタリア・オペライズモ運動の定本といわれる。トロンティが一九六六年に発表し、二〇〇六年まで重版され、その間に多少の主張の変化はあるものの、トロンティは一貫して労働者こそが資本に先駆けて社会の変革を導くべきであるという意味の「労働者主義」を唱えている。一九六〇年代においては、革新的な考え方、姿勢の確立、つまり工場、学校、地域に新しいミリタント（アクティヴィスト、革命を遂行しようとする者）の文化的形成、とくに議会外新左翼運動など様々なグループの形成に資した。初版は六八年の争議の思想的準備と位置づけられる。また初版では「ネオレーニン主義」、つまり賃労働と資本の政治的力関係の逆転を志向していたが、一九七〇年の増補版では後に論じられる「政治の自律性」、すなわち労働者と国家の政治的力関係の逆転への転換が見られることが指摘されている。（7）

〈5〉二重性　理論の再構築と実践による破壊という二面性で資本という敵に対抗すること。ところでマルクスは『資本論』で"Doppelcharakter der Arbeit"（労働の二重性）を唱えている。それは労働価値説にもとづく概念で、すなわち商品は使用価値と交換価値というふたつの価値の性質があることを前提に、商品を生産する労働には二面的な性質がある。ひとつは使用価値を生みだす特別な目的の定まった形における人間労働力を支出する具体的有用労働で、他方は交換価値を生みだす量だけが問題となる生理学的な意味の人間労働を支出する抽象的な人間労働である。

トロンティとカッチャーリ：政治的なものの自律性と否定的思考

〈1〉ノルベルト・ボッビオ Norbeto Bobbio（1909-2004）　イタリアの思想家、法哲学者、政治思想史学者。高校時代に教師などから反ファシズムの影響を受け、一九二七年トリノ大学で法哲学を専攻。イタリアの政治家ロッセッリ兄弟 Carlo Alberto & Sabatino Enrico Rosselli（1899-

1937, 1900-37）の指導する「正義と自由 Giustizia e Liberta」に加盟し、反ファシズム運動に参加する。一九三五年、トリノ大学などで教鞭をとる。一九四二年、非合法組織である行動党に結成とともに参加するが逮捕される。イタリア解放後の一九四八年より再びトリノ大学の教職に戻る。社会主義者でありながら、法の支配・権力分立・権力の制限の養護者として、マルクス主義者たちの反民主的・権威主義的要素に反対の立場をとった。著書に『光はトリノより：イタリア現代精神史』『グラムシ思想の再検討：市民社会・政治文化・弁証法』『右と左：政治的区別の理由と意味』『イタリア・イデオロギー』など。

〈2〉カール・シュミット Carl Schmitt（1888-1985）ドイツの法学者、政治学者。一九一六年にストラスブルグ大学で学位を取得後、教職に就く。ナチス政権掌握後のベルリン大学で四五年まで教授として在職。ナチスの政権掌握後から協力し、その法学理論を支えた。戦後は故郷に隠遁、著述活動をつづけた。『憲法論』のワイマール憲法批判、一連の独裁論、敵と味方の区別を政治の本質と見る『政治的なものの概念』など、二〇世紀の民主主義の問題点を明らかにし、また政治を例外的危機状況のなかに極限化して考察した。ほかにも『パルチザンの理論』など。（47）

〈3〉ロベルト・ムージル Robert Musil（1880-1942）オーストリアの小説家。軍人を目指し陸軍高等実科学校に学ぶも、機械工学の道に転じブリュン工科大学に入学。兵役を終え予備少尉となる。その後哲学に転じ、一九〇三年ベルリン大学入学。論理学と実験心理学を学びながら、一九〇六年小説『若いテルレスの惑い』を発表。反響を呼び作家としての道を選択する。一九〇八年エルンスト・マッハ研究で博士号を取得。第一次大戦前後のウィーンを描いた未完の作品『特性のない男』は、二〇世紀文学を代表する作品のひとつとされる。

〈4〉ニューディール New Deal　一九三三年、フランクリン・ローズヴェルトが世界恐慌による不況を克服するために行った社会経済政策の総称。古典的な自由主義経済政策から積極的に政府が市場経済に介入する政策へ転換。政策は銀行および通貨の統制（グラス＝スティーガル法）、財政救済策、農民の救済（農業調整法）、私企業の規制と奨励（全国産業復興法、テネシー川流域開発公社）、労働者の保護（全国労働関係法）、社会保障法などに要約される。ニューディール政策の経済学上の理論的裏付けはイギリスの経済学者ケインズの理論といわれている。第二次世界大戦後の資本主義国の経済政策に大きな影響を与えている。

〈5〉ケインズの経済理論 Keynesian economics　一九三六年ケインズが発表した著書『雇用・利子および貨幣の一般理論』を基礎とする経済学のこと。供給量は需要量（投資および消費）に制約される、とする有効需要の原理にもとづいて、不況下では政府が公共投資を増やし、積極的に経済に介入することにより景気の落込みを防ぐことを提唱した。経済の動きを市場の自由な取引に任せる古典派経済学の自由放任主義と相対し、ケインズ革命といわれた。

〈6〉『コントロピアーノ *Contropiano*（反計画学）』　オペライズモの最後の機関誌として一九六八年に創刊され、四カ月ごとに一九七一年九～一二月の最終号まで刊行された。一九六八～七一年まではアルベルト・アゾール・ローザとマッシモ・カッチャーリ、アントニオ・ネグリが共同監修し、トロンティも寄稿したが、創刊号の後、ネグリがこの雑誌から脱退した。一九六九年からはマンフレッド・タフーリが、またフランチェスコ・ダル・コもヴェネツィア派のメンバーとして参加した。

〈7〉否定的思考　カッチャーリが中心となって一九六〇年代末から八〇年代にかけて提起した。「あえて単純化していうなら……ヘーゲル＝マルクス主義的弁証法とクローチェ＝グラムシの歴史主義に対して、イタリアの哲学にまったく新しい空気を送り込むことになった」。同時期に台頭してきたジャンニ・ヴァッティモの「弱い思考」の対抗勢力として、当時のイタリア思想界に大きな影響力をもった。後になってトロンティは、一九六八～六九年当時、カッチャーリがオペライズモと否定的思考を格闘させた戦略を評価した。（5）。

〈8〉フリードリッヒ・ヴィルヘルム・ニーチェ Friedrich Wilhelm Nietzsche（1844-1900）　ドイツの哲学者。ギリシャ哲学、東洋思想に深い関心を示して近代文明の批判と克服を図り、キリスト教の神の死を宣言。善悪を超越した永遠回帰のニヒリズムに到達し、さらにその体現者としての超人の出現を求めた。おもな著作に『ツァラトゥストラはこう言った』『善悪の彼岸』『道徳の系譜』『権力への意志』など。

〈9〉弁証法 dialectic　古代ギリシャで芽生えた論争術。論敵の主張を一度認めて、それを展開すると矛盾が生じることを示して論駁する技法。ギリシャ語の「ディアレクティケ dialektikē」に由来。「対話・弁論の技術」を意味する。近代ではカントが、理性が自らの限界を超えて絶対者を求めようとするときに必然的に誤謬に陥ることを示し、それを暴く論理を弁証法と呼んだ。ヘーゲルは自己内に含む矛盾を止揚して高次の段階へいたる運動・発展の論理ととらえ、マルクスやエンゲルスは唯物論の立場から自然・科学・歴史の運動・発展の論理ととらえた。（2）

〈10〉ニーチェの過激な思想／力への意志 radical concept／Will to Power　ニーチェの思想の重要な核のひとつをなす表現。たとえば前出の『ツァラトゥストラこう言った』によると、「賢者」たちはいっさいのものを思考しうるものにしようとする。実は、彼らはこの世の主である強者にかなわないために、自らが高い位置にくるように価値や理想の体系をつくりだしていっさいを服従させようとする。このことが「力への意志」である。ニーチェはこのような弱者の自己保存、内面的優越感のための力への意志は、自然という圧倒的な強者に対抗して生を維持する弱者としての人間が、自然についての客観的・科学的知を得るときにも働いていると考えて、理性、キリスト教徒の復讐心、近代科学すべてが力への意志であるとして著作で一貫して批判した。彼にとっての力への意志とは、すなわちヨーロッパのニヒリズム状況を暴く批判的な武器だったと解釈されている。（2、52）

〈11〉マックス・ヴェーバーの脱呪術化　ヴェーバーの『プロテスタンティズムの倫理と資本主義の精神』において、宗教における神の怒りを鎮めるための呪術的要素は、とくにカルヴィニズムを中心とした宗教改革運動によって排除されていった。しかしそのような伝統主義的、帰属主義的な絆からの人間の解放、そして禁欲的プロテスタンティズムが「合理的、機能主義的秩序に奉仕する人間という、近代的社会秩序に適合する人間類型」を生みだし、意図せざる結果として、それは近代の資本制経済組織、あるいは官僚制的秩序という「鉄の檻」をもたらす倫理的基礎となった。本書において著者は、ヴェーバーの理論におけるブルジョワ階級にとっての「脱呪術化」「呪術からの解放」とは「救いの手段としての呪術の排除」だけでなく、近代資本制による「鉄檻」から逃れられない状態の容認であり、そしてこの状態におけるニーチェの「力への意志」がブルジョワ階級の政治的権力であると解釈した。(17、49)

〈12〉赤いウィーン Das rote Wien　第一次世界大戦の末期、一九一八年にハプスブルク家のハンガリー・オーストリア二重帝国は崩壊し、オーストリア共和国が成立した。ここで社会民主党とキリスト教社会党の連立政権が発足し、翌一九一九年にオーストリア・マルクス主義のオットー・バウアー率いる社会民主党が主導権を握った。このオーストリア社会民主党は、党の基盤であったウィーン市の行政・社会政策の推進に集中的に取り組んだ。「赤いウィーン」とは、一九一八〜三四年まで続いた自治都市ウィーンでのこの社会福祉行政を指す。税制改革であり、先進的な集合住宅建築様式として「社会的モダニズム」とも呼ばれている市営住宅群の建設、教育改革が挙げられる。

〈13〉オーストリア・マルクス主義学派 Austro-marxismus　一九世紀末から二〇世紀初頭のオーストリアに現れたマルクス主義の先行世代と区別された精神的共同体であり、マックス・アドラー、オットー・バウワー、ルドルフ・ヒルフェルディングなどを中心として形成された。この学派には特定の政治的志向はなく、学問的な作業についての独特な性格があり、一部はカントに、一部はマッハに基礎をおいていた。たとえば中心的立場のアドラーは、カントの認識批判にもとづいてマルクス主義から世界観的な要素を切り離し、社会に関するひとつの厳密な科学としてとらえなおそうとした。第一次大戦後はオーストリア社会民主党の主流となり、共和派（ブルジョワ自由主義者）と連合して政権を形成した。独占資本によって生まれた新しい経済現象や、当時のオーストリアの複雑な民族問題に取り組んだ。

〈14〉ヒトラー政権のアンシュルス Anschluss（1938-55）　第一次世界大戦後、ドイツの強大化を恐れた連合国はヴェルサイユ条約でオーストリアとドイツの合併を禁じた。しかしアドルフ・ヒトラーは併合を強く企図し、オーストリア内のナチス分子の台頭、イギリスの対ドイツ宥和政策に乗じて、一九三八年三月一二日にドイツ軍をオーストリア国内に進駐させ、一三日首相ザイス＝インクヴァルトがオーストリアを新たなドイツの州、オストマルク州とする法案を起草、署名することでドイツに併合された。オーストリア帝国崩壊後のオーストリアに対しては根本的に否定する政策がとられ、政治的・経済的にもドイツ本土への従属性が強化された。また多くのユダヤ人、社会民主主義者、自由主義者、愛国主義者、知識人などが逮捕され、収容所に送られ処刑された。

〈15〉ウィーンの公営住宅ブロック social housing　社会民主党政権は、労働者層の生活水準向上を重点課題とし、大規模な市営住宅を建設し良好な生活環境を低家賃で提供した。一九二三〜三四年の間に六万余りの世帯に住まいを提供する三四八の住宅ブロック、五二〇〇以上の世帯を収容する四二のテラスハウスが建設されたとされる。公共住宅の大半は中庭、プールやスーパーマーケット、ランドリー、幼稚園などの都市機能を備えていた。

〈16〉ペーター・ベーレンス Peter Behrens (1868-1940)　ドイツの建築家。はじめはミュンヘンで画家を志したが、ウィリアム・モリスの影響を受けて、一八九三年ミュンヘン分離派に参加する。一九〇一年、ダルムシュタットの芸術家村で自邸を設計、これを契機に建築へ進み、デュッセルドルフの工芸学校校長（一九〇三〜〇七年）、ついで〇七年から電気会社 AEG 社デザイン顧問となりベルリンに移り、同社の電気器具から工場までのデザインを担当。第一次世界大戦後はウィーン・アカデミーの建築科教授、プロシア芸術アカデミーの建築科教授を歴任した。建築では特に〇九年の《AEG タービン工場》がモダニズム初期の代表的な作品となる。

〈17〉カール・エーン Karl Ehn (1884-1957)　ウィーンの建築家、都市計画家。オットー・ワーグナーのもとで学び、一九〇八年からウィーン市の建築家となり、とくに一九二〇年代から三〇年代に多くの公共住宅に携わった。代表作は《カール・マルクス・ホーフ》と呼ばれる公営集合住宅（一九二六〜三〇年）。

〈18〉ネオ・カント主義的な政治性　新カント学派 Neo-Kantianism とは、一八七〇〜一九二〇年代にかけてドイツを中心に興ったカント的な認識論復興運動およびその学派のこと。この学派はカントの哲学から「超越論的（先験的）方法」を受け継ぎ、そこに基本的立場をおく。認識、または人間の文化活動一般の対象や主体を直接考察の対象とするのではなく、それらのいずれからも身を引いたところに視点を設定して、それらの活動の成立する場を対象化する。こうしてそれらの構造を客観的に考察し、定着するという姿勢をとる。「新カント主義的な政治性」とは、本論で述べているようにマルクスの経済学を科学的理論として、また社会主義をイデオロギーとして理解し、両者を区別したことを意味する。

〈19〉第三の方法　二〇世紀はじめにオーストリア・マルクス主義学派は、一九世紀後半以降ドイツ社会民主主義陣営内部で台頭したベルンシュタインの修正主義と、ロシア革命以後のボリシェヴィズムの両者の対立・分裂を調停しようとしていた。前者は、プロレタリアートは非合法手段による国家権力の奪取ではなく議会制民主主義を通じた社会改良を目指すべきとして、労働者階級の生活改善と中産階級の発生を根拠に革命不要説を唱え、後者はロシア共産主義による徹底した中央集権による組織統制で、このような動向は一般に「第三の道」と呼ばれる。

〈20〉ルードヴィッヒ・ヒルベルザイマー Ludwig Hilberseimer (1885-1967)　ドイツの建築家、都市計画家。カールスルーエ工科大学中退後、ペーター・ベーレンスとノイマルクの事務所に勤務。一九二三年ごろから大都市の問題を主要なテーマとし、一九二七年『大都市建築 *Groszstadtarchiktectur*』を出版。タイトルの「大都市建築」とは、新時代の大都市の必要性に適った固有の形態と法則をもつ新しい建築を指す。彼に特徴的である高層建築都市については、資本制的生産手段を前提とする近代的な大都市において、社会福祉的な公共性に対応可能な建築形態として、合理性・効率性が徹底された都市を具体的に提案。それはオフィスや商店が入る五層の商業街とその上に人々が暮らす一五層の住居街を積層させた二〇階建ての高層建築。余白の土地に公園や学校、病院、スポーツ施設を配置して、高層建築だけでは不足する都市機能を補完したものである。一九二九年よりバウハウスで教鞭をとりながら、住宅・都市計画の研究を進めた。ナチス政権台頭による一九三三年のバウハウス閉校後、一九三八年アメリカに亡命。ミース・ファン・デル・ローエとともにイリノイ工科大学で都市計画の教鞭をとる。以後の活動はアメリカが中心となる。邦訳された著作として『都市の本質 *The Nature of Cities*（1955）』（渡辺明次訳、彰国社、一九七〇年）、『現代建築の源流と動向 *Contemporary*

Architecture: Its Roots and Trends, Chicago (1964)』(渡辺明次訳、鹿島出版会、一九七三年)。(36)

〈21〉都市の残余空間 leftover space　ウィーン旧市街およびそれを取り囲むリングシュトラーセ Ringstraße 外側の郊外地区。

〈22〉《ヴィーナースカイホーフ Winarskyhof》　ペーター・ベーレンス、ヨーゼフ・ホフマン Josef Hoffmann、ジョセフ・フランク Josef Frank、オスカー・ストルナード Oskar Strnad、オスカー・ウラッハ Oskar Wlach、フランツ・シュスター Franz Schuster などが設計した計五七一戸の集合住宅、コミュニティ施設(幼稚園、会議室、図書室、スタジオ、ワークショップ)および事務所などからなる複合施設。

〈23〉《カール・マルクス・ホーフ Karl-Marx-Hof》　ウィーン社会民主党評議会の主導のもとに建設された集合住宅のなかで最大規模のもので、「赤いウィーン」を代表する住宅。設計者は、設計競技によりオットー・ワーグナーの弟子カール・エーンが選ばれた。一五万六〇〇〇㎡の敷地、全長一㎞を超えるスーパーブロックに一三八二戸の住宅が入り、中庭を囲む形式の集合住宅。託児所、郵便局、歯科診療所、薬局、図書館といった都市生活に必要な施設が一体に計画されている。一九三四年、社会民主党が親ナチス党に政権を追われた際に労働者がたてこもったが鎮圧された。

〈24〉超区画 super block　大規模な住宅団地や都市再開発などの際に、既存の数街区をまとめてひとつの街区として計画した住区や商業地区、大街区。歩行者と車の分離など、交通も含めて計画される。

〈25〉アドルフ・ロース Adolf Loos (1870-1933)　オーストリアの建築家。ドレスデン工科大学で学んだ後、アメリカに滞在。一八九六年にウィーンに帰国し、建築家として活動しつつ新聞などに批評を寄稿した。一時期パリに滞在後、再び帰国、晩年はウィーンで活動した。ウィーン分離派など装飾を多用する当時の建築運動とは一線を画した独自の理論を展開。モダニズム建築の先駆的な作品を多く生みだした。おもな建築作品に《ロースハウス》(一九一一年)、《ミュラー邸》（一九三〇年）など。

〈26〉アドルフ・ロースの《住宅プロジェクト》　ロースが帰国後、ウィーン郊外で実施した戸建住宅群。《シュタイナー邸 Steiner House》（一九一〇年）、《ショイ邸 Scheu House》（一九一二年）、《モラー邸 Moller House》（一九二八年）、《ルーファー邸 Rufer House》（一九二二年）など。

〈27〉マルクス主義的な政治性が適用される場《place》の絶対的な《irreducible》特異性《singularities》　赤いウィーンの場合、マルクス主義の社会民主党の政策が適用される場の特異性、たとえば《カール・マルクス・ホーフ》の壮大な記念碑的性格《モニュメンタリティ》を示す。

ロッシ：都市の政治性のカテゴリーとしての場《locus》の概念

〈1〉ブルーノ・ゼーヴィ Bruno Zevi（1918-2000）　イタリアの建築家、都市計画家、著述家。一九四一年グロピウスが主導したハーヴァード大学で建築を学ぶが、彼の教育方針とは異なるフランク・ロイド・ライトに傾倒する。ローマ大学建築学部を一九四五年卒業後、ローマ大学文学部、ヴェネツィア建築大学で教鞭をとる。邦訳書に『空間としての建築』（鹿島出版会）、『ジュゼッペ・テッラーニ』（SD選書、鹿島出版会）など。

〈2〉ジュリオ・カルロ・アルガン Giulio Carlo Argan（1909-92）　美術史家、美術評論家、政治家、ローマ市長も務めた（一九七六〜七九年）。トリノ大学にて美術史家リオネッロ・ヴェントゥーリに師事した。

〈3〉エルネスト・ネイサン・ロジェルス Ernesto Nathan Rogers（1909-69）　イタリアの建築家、ミラノ大学教授。ミラノ工科大学卒業後、一九三二年にジャン・ルイジ・バンフィ Gian Luigi Banfi（1910-45）、ルドヴィコ・バルビアーノ・ベルジョヨーゾ Ludovico Barbiano Bergiojoso（1909-2004）、エンリコ・ペレスッティ Enrico Peressutti（1908-76）らとBBPRを結成。一九三九年スイスに亡命。一九四五年に帰国し、BBPRを再開する。また『ドムス』誌の監修（一九四六〜四七年）、そして『カーザベッラ・コンティヌイタ』（一九五三〜六四年）の編集長を務め、アルド・ロッシ、ヴィットリオ・グレゴッティ、ジョルジオ・グラッシ、ガエ・アウレンティ、グイド・カネッラ、ジャンカルロ・デ・カルロなど、当時の若い建築家に影響を与えた。

〈4〉CIAMの倫理的遺産　CIAMとは近代建築国際会議。近代建築と都市計画の理念の追求を目的として、ル・コルビュジエ、ジークフリード・ギーディオンらが組織し、一九二八年スイスのラ・サラ城La Sarrazで発足した。各国で一一回開催され、近代建築という運動の普及と展開だけでなく、都市問題を解決する手法として建築のデザインを取り入れた点でも国際的な影響を与えた。一九五三年フランスで開催された第九回会議で、アリソン&ピーター・スミッソン夫妻を中心とした若い世代の建築家グループ「チームX」が結成され、その主張で内部分裂し、一九五九年に事実上解体した。本文の「CIAMの倫理的遺産」とは、『カーザベッラ』誌上の建築作品や批評などの活動で、ロジェルスがCIAMにならい複数性を尊重して、国際化を目指したことを指す。

〈5〉アンドレア・ブランジAndrea Branzi（1938-）　イタリアの建築家、デザイナー、ミラノ工科大学教授。一九六四年、アルキズーム・アソチャーティの主要メンバーとして一九七四年まで活動する。ドムス・アカデミー創始者の一人。

〈6〉空間的ヒューマニズムspatial humanism　たとえばゼーヴィは著作*Sapere vedere l'architettura*(1948)で、建築史を人間生活の空間に対する考え方の変遷にとらえなおして論じた。(27)

〈7〉パウル・クレーの「視覚化すること」　クレーは一八七九年にスイスの画家、美術理論家、音楽家の両親のもとに生まれる。ミュンヘンで象徴主義の画家フランツ・フォン・シュトゥックに指導を受ける。ゴッホ、セザンヌなどの作品に感銘を受け、一九〇六年以降、ミュンヘン分離派展に参加。一九一四年のチュニジア旅行を機に鮮やかな色彩の作風に変化した。一九一六～一八年軍役を経て一九一九年にミュンヘンの画商と契約、その後も各地で個展を開くなど画家としての道を歩み、また一九二一～三一年までバウハウスで教鞭をとる。ナチズムの台頭で三三年暮れスイスに亡命するが、難病の皮膚硬化症が発症して四〇年に死去。本文の「視覚化すること」に関して、クレーは深い根源へと結びついた抽象的な事象が本当の表現であり「なぜなら、それは単に眼にみえたものを多少なりとも溌溂と再現するだけでなく、ひそかに見てとったものを眼にみえるように《macht sichtbar》するからです」とデュッセルドルフの美術学校の講義で述べた。(28)

〈8〉ルイジ・アントリーニ→ジョヴァンニ・アントーニオ・アントリーニ Giovanni Antonio Antolini (1753-1841)　イタリアの建築家、都市計画家、理論家、ブレラ・アカデミーの教職に就いた。パリの芸術アカデミー会員。啓蒙主義からリソルジメントにいたる過程のナポレオン帝政期に新古典主義建築を実現した。代表作としてミラノの《フォロ・ボナパルテ Foro Bonaparte 計画案》(一八〇〇~〇一年)がある。

〈9〉《フォロ・ボナパルテ Foro Bonaparte》　アントリーニが一八〇〇~〇一年にかけて、スフォルツェスコ城中心部をナポレオン帝政の本拠地、政治的中心地として提案したプラン。柱廊に囲われた巨大な円弧を描く広場のまわりを美術館、スパなど公共施設が取り囲み、さらにナヴィリオに接続する運河が囲む計画。

〈10〉ジャコバン派理性主義 jacobin rationalism　ジャコバン派はフランス革命期における急進的な政党。一七九三~九四年独裁体制による恐怖政治を行った。一七九四年七月「テルミドールの反動」で政権の座を失うと同時に瓦解した。本文の「ジャコバン派理性主義」については、アントリーニがバロックやロココ様式を支持した専制政権に敵対する新しい政府の理想に合うような様式を目指して選んだ新古典主義建築を指す。

〈11〉エティエンヌ・ルイ・ブーレー Etienne Louis Boullée (1728-99)　フランスの建築家。クロード・ニコラ・ルドゥーとともに、一八世紀半ばからのフランス新古典主義建築の影響を受けた。実作は少ないものの、啓蒙時代の芸術理念を簡潔な幾何学と壮大なスケールによって具現化した計画案を残した。代表作に《ニュートン記念堂》(一七八四年)、《オペラ座計画案》(一七八一年)、《王立図書館再建案》(一七八五年)、《ピラミッド型霊廟の計画案》(一七八六年)など。二〇世紀に入ってから再評価され、ロッシはブーレーについて本を著わした(Aldo Rossi, *ÉTIENNE-LOUIS BOULLÉE, Architettura. Saggio sull'arte*, Padova: Marsilio Editori, 1967)。

〈12〉アドルフ・ベーネ Adolf Behne (1885-1948)　ドイツの建築家、評論家、美術史家、ワイマール共和国時代の前衛芸術運動の主導者。ベーレンスやタウトを早くから紹介し、また一九一五年にはドイツ表現主義の誕生について著作を発表した。ヒッチコック、ジョンソン、グロピウスのように近代建築を様式と見なすのではなく、機能的建築は一連のイデオロギーの表現であると主張した。

〈13〉ハンス・シュミット Hans Schmidt（1893-1972）　スイスの建築家、都市計画家。一九二〇年からロッテルダムで活動する。一九二二年スイスに帰国し、パウル・アルタリア Paul Artaria（1892-1959）と共同でバーゼルに設計事務所を立ち上げる。一九二四〜二八年にかけて、マルト・スタム Mart Stam（1899-1986）らとともに、建築雑誌『ABC：建設への貢献』を出版、同年創立の ABC グループに、エル・リシツキー、ハンネス・マイヤーも参画。CIAM に創設メンバーとして参加、初期に「最小限住宅」を提唱した中心的理論家でもある。一九三〇年にソヴィエトにわたり、都市計画に関わる。その後一九五六年に東ベルリンに移り、ドイツ建築アカデミーの主任として一九七〇年まで活動した。

〈14〉ジャンカルロ・デ・カルロ Giancarlo de Carlo（1919-2005）　イタリアの都市計画家、建築家。CIAM のメンバー時代「チームX」を設立。一九七六年建築都市ワークショップ International Laboratory of Architecture and Urban Design, ILAUD を設立、各地で建築設計と都市計画の指導を行った。アメリカのイェール大学、マサチューセッツ工科大学 MIT、ハーヴァード大学で客員教授。代表作として《ウルビーノ都市基本計画》と《ウルビーノ大学関連施設》が挙げられる。

〈15〉パオロ・チェッカレッリ Paolo Ceccarelli　イタリアの都市計画家。二〇〇五年から国際建築都市研究所 ILAUD 所長。ユネスコ持続可能発展計画議長。《ミラノ市地域計画》（二〇〇二〜〇三年）、《ロンバルディア州地域計画》（二〇〇四〜〇五年）、《ヴァレ・ダオスタ地域都市計画》のコンサルタントなどを務めた。

〈16〉ケヴィン・リンチ Kevin Lynch（1918-84）　アメリカの都市計画家、建築家、都市理論家。イェール大学で建築を学んだ後、一九三七〜三九年まで、タリアセンでフランク・ロイド・ライトのもとで働く。その後、マサチューセッツ工科大学で学位を取得。一九四八年以降同大学の教壇に立つ。都市の知覚的なイメージを重視した調査分析を行った。

〈17〉『都市のイメージ』（一九六〇年）　ケヴィン・リンチの代表的著作。都市の形態などの物的位相とイメージや表層作用などの人的位相との相互の関係を明らかにして、この分野に新しい視座を提示した。観察者がどのように都市の情報を獲得するのか、ボストン、ジャージー・シティ、ロサンゼルスの三都市を対象としてアンケート調査をもとに分析した。パス paths、エッジ edges、ディストリクト districts、ノード nodes、ランドマーク landmarks の五つの要素が都市のイメージを決める要素として抽出された。

〈18〉建築家・都市計画家協会　一九六一年にローマで設立されたグループ。ジョルジョ・ピッチナート、ヴィエーリ・クイリチ Vieri Quilici（1935-）、タフーリらが参加。

〈19〉ジョルジョ・ピッチナート Giorgio Piccinato　ローマ大学名誉教授。二〇一〇年までローマ大学都市研究学部長、博士課程領域政策・地域計画コースディレクター。一九九五年以前はヴェネツィア建築大学都市計画学部長などを務めた。

〈20〉クラウディオ・グレッピ Claudio Greppi（1939-）　地理史・領域史研究者。フィレンツェ大学卒業。フェッラーラ大学およびシエナ大学で地理学を教え、二〇〇二年よりシエナ大学正教授。

〈21〉公営住宅建設機関　復興期の国家による建設事業のひとつで、労働者のための公営住宅建設の促進のために一九四九年二月二八日法律第四三号（ファンファーニ法）によって設立された。国際基金、国税、労働者からの給与控除などによる資金によって、三五万戸の住宅が建設されたと推定されている。都市郊外に集中して建設された。

〈22〉都市地理学 urban geography　人文地理学の一分野。従来は集落地理学の一分野であったが、今では集落地理学は村落を中心とするようになり、都市地理学はそれから独立したひとつの学問となった。研究対象は、都市域と都市の影響する範囲の地理的位置、自然環境、立地条件から、都市の成立過程や社会的機能、機能分化、都市計画、他の都市や村落との相互関係など多方面にわたり、これらを結合して都市の地域的性格を把握する。

〈23〉都市計画学会　都市中心部の発展に関する技術的、経済的、社会問題を研究し、地方自治体の公益事業の組織と機能に関する課題を議論する目的で一九三〇年に設立された。現在は欧州都市計画委員会のメンバー。

〈24〉変更可能《オープン》なプロジェクト progetto aperto　ロッシらは一九六五年の都市計画学会の論文「継続的計画学の機能的・具象的側面に関する都市-周辺領域 Mattioni, Polesello, Semerani: Città e territorio negli aspetti funzionali e figurativi della pianificazione continua」で、当時タフーリが提唱していた都市-周辺領域、つまりタウン・デザインという新しい都市領域の変更可能《オープン》なプロジェクトを具体性がなく曖昧な点が多いことを理由に批判している。彼らは建築や都市の行為や事業の存在とは変化であり、そこには配置や具体的なデザインという形態上のモーメントが作用し、また、閉じられ、完結した形態のみが継続的な活動と形態を生みだすと主張する。さらに、建築家たちが、都市-周辺領域との関係を現実の地方都市 città regione、または新しい都市の規模というスローガンと、プロジェクトの巨大さとの関係に短絡的に特定してしまう間違いを冒す、というサモナーの警告に言及している。

〈25〉《東京湾プロジェクト》　東京計画 1960：A Plan for Tokyo, 1960。丹下健三研究室によるその構造改革の提案、一九六一年。高度成長期の急激な人口増加に対し、東京湾上に増殖可能な脊髄のような線形構造の都市を拡張していくという計画。都市と建築とを有機的に統合する交通システム、複数のコアの間をオフィスがつなぐシステムなど、研究室の若いメンバーのアイデアを採用した。「成長」や「増殖」といったCIAM解体以降の都市デザインにおけるテーマに対して明快な回答を示した。

〈26〉《トリノの新行政センター設計競技案 centro direzionale》　一九六二年にトリノ市が開催。経済急成長のなか、トリノの第三次産業化についての議論が盛んだった六〇年代、憲法広場での抗議運動とほぼ同時期に行われた。センターが伝統的な生産の場から完全に解放され、新しい労働の象徴を表現することが求められた。集合住宅、宿泊施設、娯楽施設のほか、緑地、公共施設、幼稚園、小学校なども含まれた。ルドヴィコ・クアローニを代表とする当選案では、一群の高層タワーが有機的に統合した複数階のブロックとしてまとめられ、巨大広場から聳え立つ一二〇mの高さの一四棟のタワーに行政本部が計画された。

〈27〉アレッサンドロ・アントネッリ Alessandro Antonelli（1798-1888）　イタリアの建築家、政治家。ミラノとトリノ、ローマで学ぶ。その後、トリノのアルベルティーナ美術学校の教授に就く。サルデーニャ王国国会議員など政治家としての活動と並行して、住宅、別荘、教会の設計、都市基本計画など様々なプロジェクトに携わった。代表作品にトリノの《モーレ・アントネリアーナ》（一八八九年）、《ノヴァーラ大聖堂》（一部、一八六九年）、《聖ガウデンシィオのバジリカのクーポラ》（一八八七年）などがある。

〈28〉《モーレ・アントネリアーナ Mole Antonelliana》　トリノのユダヤ人コミュニティに依頼され、当初は一二一mの煉瓦造のシナゴーグ（ユダヤ教会）として計画された。しかし一六七・五mの高さへの計画変更によって予算超過となったため、依頼したユダヤ人コミュニティは撤退し、その後トリノ市が引き継いだ。二〇世紀以前の建築物としては《エッフェル塔》と《ワシントン記念塔》に続き三番目の高さを誇った。一八六三年に建設が始まり、結局、一八八九年に高さ一六七・三五mで完成。その後構造体の補強、改修を繰り返し、現在は国立映画博物館として公開されている。（30）

アルキズーム：理論の自律性 対《versus》 大都市のイデオロギー

〈1〉エンゲルスの「住宅問題」　一八七二～七三年までドイツの *Volksstaat* 紙に連載された論文。執筆当時、主要産業中心部の労働者の住宅不足が問題であった。プロレタリアートの流入と増加は住宅危機を引き起こしていた。この連載の論点は「プロレタリアートの階級改革政策によっても住宅問題の解決は同時に解決できないため、住宅問題を革命の政策とおきかえることはできない。社会問題は資本主義的生産方式の廃止によってのみ解決されるが、住宅問題を解決できない」ということだった。国家の性質、プロレタリアの主導権、町と国の対立の根絶、農業問題の解決、社会復興のための社会主義形態、プロレタリア党の任務などについても論じられた。

〈2〉アーキグラム Archigram　一九六一年、ピーター・クックらによってイギリスで結成され、七四年まで活躍した建築家グループ。同名の雑誌『アーキグラム』がおもな活動内容であり、実作をほとんどつくらず建築ドゥローイングを「建築作品」とすることで、建築を情報化してヴィジョンを直接的に世界に伝え、建築の概念を拡張する可能性を示した。一九六四年発表の、昆虫のような脚によって居住者が希望する場所へ移動する巨大都市《ウォーキング・シティ》や着脱可能なユニットを集合住居やオフィスなどの用途に合わせて組み立てる《プラグ・イン・シティ》などで知られる。

〈3〉日本のメタボリストのテクノクラート的未来主義　メタボリズムは、日本が敗戦から復興し高度経済成長期へと移行しつつあった一九六〇年代の建築運動のひとつで、建築家の菊竹清訓（一九二八〜二〇一一年）、黒川紀章（一九三四〜二〇〇七年）、大高正人（一九二三〜二〇一〇年）、槇文彦（一九二八年〜）、デザイナーの栄久庵憲司（一九二五〜二〇一五年）、栗津潔（一九二九〜二〇〇九年）、評論家の川添登（一九二六〜二〇一五年）らで構成された。生物学で新陳代謝を意味する。建築や都市を環境に適応する生き物のように次々と姿を変えながら増殖していくように、社会的要請や機能によって変化し、交換可能であるととらえ、ユニット化した居住単位とそれによって増殖する建築、量産について理論化した。計画案に、菊竹清訓の《塔状都市》（一九五八年）、《海上都市》（一九五九年）、磯崎新の《空中都市 新宿計画》（一九六二年）、黒川紀章の《東京計画 1961 Helix 計画》（一九六一年）、槇文彦の《ゴルジ構造体 高密度都市》（一九六七年）、《新宿ターミナル再開発計画》（一九六〇年）など。実現された作品に、菊竹清訓の《エキスポタワー》（一九七〇年）、黒川紀章の《中銀カプセルタワー》（一九七二年）など。

〈4〉ohne Eigenschaften　R・ムージルの代表作 *Der Mann Ohne Eigenschatren*［特性のない男］1943. と関連づけた表現。

〈5〉**ヒルベルザイマーの都市研究**　ヒルベルザイマーは、一九二七年の著作『大都市建築』で徹底して合理的で効率的であり、組織的な構成の高層建築都市を示した。「ヒルベルザイマーの都市研究」は、この『大都市建築』の時期の提案を指す。一九二九年のバウハウスの教官着任後、都市研究を進めるなかで彼の提案は現実的なものに修正され、さらに一九三八年の渡米後には『大都市建築』において効率を求めて集中化した都市像ではなく、「脱集中化」した、分散化した都市が提示されるようになった。

〈6〉ジョルジョ・グラッシ Giorgio Grassi（1935-）　イタリアの建築家。ミラノ工科大学卒業。ロジェルス監修の『カーザベッラ・コンティヌイタ』の活動に参加。一九六五年からペスカーラなどで教鞭をとる。一九七七年よりミラノ工科大学正教授。一九六〇年代後半、アルド・ロッシ、ジャンカルロ・デ・カルロらとともにテンデンツァを結成した。

〈7〉コンティニュアス・モニュメントのためのプロジェクト　一九六九～七〇年にかけて、スーペルストゥディオが発表したドゥローイング作品群。消極的・批判的なユートピアのイメージを通して、自然と建築、都市と国という古典的な関係性を極端に表現したものである。建築の唯一の可能性はその記念碑性《モニュメンタリティ》の拡張という考えから、世界各国の建築、巨大構築物、都市を白いグリッドの構造体で覆い、建築と自然の両者を単一のデザインに融合するような再構築という方法で提案した。

〈8〉『カーザベッラ』　一九二八年創刊のイタリア・ミラノの建築誌。創刊当初の名称は *La Casa Bella*（The Beautiful Home）。戦間期には *Casabella* と改称し、建築批評誌としての性格が強まった。戦後、一九五三～六五年まで編集長を務めたエルネスト・ネイサン・ロジェルスにより *Casabella Continuità* に改称。その後、*Casabella Costruzioni*, *Costruzioni Casabella* を経て、*Casabella* となり、世界各国の建築・都市・プロダクトを扱う建築雑誌として現在にいたる。

〈9〉『ドムス』　一九二八年に建築家ジォ・ポンティ Gio Ponti（1891-1979）により創刊されたイタリアの建築・装飾芸術誌。新興富裕者層向けの近代住宅の普及を目指した。三〇年代に建築批評誌的な性格を帯びた『カーザベッラ』とは異なり、一貫して建築論争から距離をおいていた。一九四一年にポンティが離れ、一九四五年に休刊となる。第二次大戦後の一時期、エルネスト・

ネイサン・ロジェルスが編集長となり（一九四六〜四七年）、モラヴィアらの協力を得て新しい文化的潮流を取り入れた。四八年にポンティが再び編集長となり、建築・芸術・デザインを広範囲にわたって扱った。七九年、ポンティの死後にはアレッサンドロ・メンディーニが編集長を務めた。本格的なデザイン専門雑誌として、現在も活動を続けている。

〈10〉ブルーノ・タウト Bruno Julius Florian Taut（1880-1938）　ドイツの建築家。一九一四年、ドイツ工作連盟展のガラスパヴィリオンで注目され、表現主義の作家として出発。その後、ブリッツ・ジードルンク（一九二五年）など、社会主義的ユートピアの実践を通して名声をえる。ナチス政権の台頭により亡命目的で日本に滞在。その後トルコ政府に招聘され、イスタンブールで教授職に就く。教育の傍ら、建築設計に精力的に取り組んだ。日本と日本建築についての著作が残されている。

〈11〉オブジェクトの危機 crisis of the object　タフーリは、ヒルベルザイマーの『大都市建築』において現代都市が目指すものはひとつの巨大な〝社会機械〟であると解釈し、また建築はその都市の細胞以外のいかなる要素をも含まない生産プログラムの基本単位であり、単体としての建築はもはやひとつの「もの《オブジェクト》」ではなく、各細胞の組み合わせが整合的な形状を呈する場と読み解いた。そしてそのような細胞の配置によって形態が決定される均質な都市において、伝統的な意味の建築は存在理由を失い、排除される。タフーリによると、ヒルベルザイマーのこの理論は、資本の再編成によって引き起こされた大都市の新しい機能の一面をとらえており、したがって建築という「もの《オブジェクト》」は存在意味を失いつつあるという危機的状況を指摘した。（24、32）

結論

〈1〉フォードとテイラーの生産システム　フォードの生産システム Fordism はフォード自動車会社が採用した生産合理化方式で、製品の単純化、部品の規格化、生産手段や工場の専門化、コンベヤーシステムの導入などにより、合理的経営を確立しようとするもの。テイラー・システム Taylor system は二〇世紀初頭、アメリカの機械技師フレデリック・テイラーによって提唱された工場管理、労務管理の方式。作業工程や作業量を分析し、それにもとづく生産の計画化、効率的管理を行う。個別的な経験や勘に頼る管理に対し、科学的な理論をもとにした経営管理の方策、制度の総称。

〈2〉エミーリオ・アンバース Emilio Ambasz（1943-）　アルゼンチン出身の建築家、デザイナー。プリンストン大学芸術学部を卒業後、同大学建築学部修士課程修了。一九七〇〜七六年ニューヨーク近代美術館 MoMA 建築・デザイン部門キュレーター。一九七六年エミーリオ・アンバース&アソシエイツ設立。自然との共生を旨とし、建物を緑化した作品をつくりつづけている。おもな建築作品に《サンアントニオ植物園》（一九八八年）、《アクロス福岡》（基本設計、一九九五年）など。

〈3〉MoMA 企画展　一九七二年五月二六日〜九月一一日まで近代美術館で開催された企画展。エミーリオ・アンバースがキュレーションを行った。イタリアのデザイナーと建築家一二チームが参加し、一八〇のオブジェと一一の環境芸術が展示された。音楽・映像の環境芸術とオブジェの二部構成。

〈4〉クリスティアーノ・トラルド・ディ・フランチャ Christiano Toraldo di Francia（1941-）　イタリアの建築家。アドルフォ・ナタリーニ Adolfo Natalini（1941-）とともにスーペルストゥディオ（一九六六〜一九八〇年）設立。

〈5〉ジェルマーノ・チェラント Germano Celant（1940-）　イタリアの美術批評家、キュレーター。一九六〇年代後半から七〇年代前半にかけて素材、廃材そのものに作家自身の身体や思考を結びつけた表現で知られるイタリアの芸術家グループに対して、一九六七年のジェノヴァでのグループの最初の展覧会開催に際し「アルテ・ポーヴェラ（貧しい芸術）」と命名したことで知られる。一九七七年の企画展を契機として、ニューヨーク・グッゲンハイム美術館シニア・キュレーターを務めた。

◆参考文献

1　Steve wright, *Storming Heaven, Class Composition and Struggle in Italian Autonomist Marxism*, Pluto Press, 2002.
2　今村仁司編『現代思想を読む事典』講談社、一九九七年
3　森田鉄郎＋重岡保郎『イタリア現代史』山川出版社、一九九二年
4　北原敦編『イタリア史』山川出版社、二〇〇八年
5　岡田温司『イタリア現代思想への招待』講談社、二〇〇八年
6　フランコ・ベラルディ（ビフォ）著、廣瀬純＋北川眞也訳／解説『ノー・フューチャー―イタリア・アウトノミア運動史』洛北出版、二〇一〇年
7　中村勝己「オペライズモの光芒―トロンティの社会的工場論と政治」『現代思想と政治―資本主義・精神分析・哲学』市田良彦＋王寺賢太編、平凡社、二〇一六年、三四一～三六六ページ
8　『インパクション』第二五号、インパクト出版会、一九八三年
9　コルネリュウス・カストリアディス著、宇京頼三訳『細分化された世界』法政大学出版局、一九九五年
10　コルネリュウス・カストリアディス著、江口幹訳『社会主義か野蛮か』法政大学出版局、一九九〇年
11　マックス・ホルクハイマー＋テオドール・W・アドルノ著、徳永恂訳『啓蒙の弁証法―哲学的断想』岩波書店、一九九〇年
12　テオドール・W・アドルノ著、三光長治訳『ミニマ・モラリア―傷ついた生活裡の省察』法政大学出版局、一九七九年
13　カール・マルクス著、長谷部文雄訳『賃労働と資本』岩波書店、一九八一年
14　カール・マルクス＋フリードリッヒ・エンゲルス著、大内兵衛＋向坂逸郎訳『マルクス・エンゲルス　共産党宣言』岩波書店、一九七一年

15 カール・マルクス著、城塚登+田中吉六訳『経済学・哲学草稿』岩波書店、一九六四年
16 カール・マルクス著、フリードリッヒ・エンゲルス編、向坂逸郎訳『資本論1』岩波書店、一九六九年
17 マックス・ヴェーバー著、大塚久雄訳『プロテスタンティズムの倫理と資本主義の精神』岩波書店、一九八九年
18 マックス・ヴェーバー著、尾高邦雄訳『職業としての学問』岩波書店、一九八〇年
19 アントニオ・ネグリ+マイケル・ハート著、水嶋一憲+酒井隆史+浜邦彦+吉田俊実訳『帝国―グローバル化の世界秩序とマルチチュードの可能性』以文社、二〇〇三年
20 アントニオ・ネグリ+マイケル・ハート著、幾島幸子訳、水嶋一憲+市田良彦監修『マルチチュード―〈帝国〉時代の戦争と民主主義』上・下巻、NHK出版、二〇〇五年
21 ヴィットリオ・グレゴッティ著、松井宏方訳『イタリアの現代建築』鹿島出版会、一九七九年
22 アルド・ロッシ著、三宅理一訳『アルド・ロッシ自伝』鹿島出版会、一九八四年
23 アルド・ロッシ著、ダニエーレ・ヴィターレ編、大島哲蔵+福田晴虔訳『都市の建築』大龍堂書店、一九九一年
24 マンフレッド・タフーリ著、藤井博巳+峰尾雅彦訳『建築神話の崩壊―資本主義社会の発展と計画の思想』彰国社、一九八一年
25 マンフレッド・タフーリ著、八束はじめ訳『建築のテオリア―あるいは史的空間の回復』朝日新聞社、一九八五年
26 Anderea Branzi, ed. *No-Stop City, Archizoom Associati* (HYX: Orléans, 2006)
27 ブルーノ・ゼーヴィ著、栗田勇訳『空間としての建築』上・下巻、鹿島出版会、一九七七年
28 フェリックス・クレー著、矢内原伊作+土肥美夫訳『パウル・クレー』みすず書房、一九六二年
29 ケヴィン・リンチ著、丹下健三+富田玲子訳『都市のイメージ』岩波書店、一九六八年
30 陣内秀信+太記祐一+中島智章+星和彦+横手義洋+渡辺真弓+渡邊道治著『図説 西洋建築史』彰国社、二〇〇五年

31 江口幹著『根源的想念の哲学―カストリアディス解読の試み』カストリアディス研究会、一九九六年

32 Michael Hays, *Architecture's Desire. Reading the late avant-garde*, The MIT Press, 2010.

33 Monicelli, *L'ultrasinistra in Italia 1968-1978*, Laterza, 1978.

34 アンソニー・ヴィドラー著、今村創平訳『20世紀建築の発明―建築史家と読み解かれたモダニズム』鹿島出版会、二〇一二年

35 補遺（番外編）「ジジ・ロッジェーロへのインタビュー」『資本の専制、奴隷の叛逆―「南欧」先鋭思想家8人に訊くヨーロッパ情勢徹底分析』廣瀬純編著、航思社、二〇一六年

36 海老原模奈人「ルートヴィヒ・ヒルベルザイマーの［大都市建築］：部分と解題」『東京工芸大学工学部紀要』Vol.34, No1, 2011.

37 Aldo Rossi, Gianugo Polesello, Emilio Mattioni, Luciano Semerani, *Città e territorio negli aspetti funzionali e figurativi della pianificazione continua*, in Atti del X convegno dell'Istituto Nazionale di Urbanistica（Trieste: INU, 1965）, pp.286-300.

38 Emilio Ambasz, *Italy: the new domestic landscape. Achievement and problems of Italian design*, The Museum of Modern Art, 1972（カタログおよびプレス・リリース）

39 Daniele Balicco, *Non parlo a tutti. Franco Fortini intellettuale politico*, Manifesto libri 2006.

40 特集「アルド・ロッシの構想と現実」『a＋u 建築と都市』一九七六年五月号、エー・アンド・ユー、一九七六年

41 特集「アルド・ロッシ作品集」『a＋u 建築と都市』一九八二年一一月号、エー・アンド・ユー、一九八二年

42 特集「イタリア建築：1945-1985」『a＋u 建築と都市』一九八八年三月臨時増刊号、エー・アンド・ユー、一九八八年

43 特集「アルド・ロッシの最新作」『a＋u 建築と都市』一九八八年六月号、エー・アンド・ユー、一九八八年

44　特集「アーキズームの全仕事」『SD』一九七四年九月号、第一〇一号、鹿島出版会、一九七四年
45　特集「建築のメモリア：イタリア合理主義の流れ」『SD』一九九六年二月号、第三七七号、鹿島出版会、一九九六年
46　コーリン・ロウ+フレッド・コッター著、渡辺真理訳『コラージュ・シティ』鹿島出版会、二〇〇九年
47　カール・シュミット著、田中浩+原田武雄訳『政治的なものの概念』未来社、一九七〇年
48　西村保「ケインズの資本主義観と道徳哲学」『学際』第二号、二〇一六年九月、一般財団法人統計研究会、七四〜八三ページ
49　山之内靖『マックス・ヴェーバー入門』岩波書店、一九九七年
50　マックス・ヴェーバー著、脇圭平訳『職業としての政治』岩波書店、一九八〇年
51　宮脇勝「イタリアの都市計画家と都市計画史の基礎的考察」『一九九七年度 第32回都市計画学会学術研究論文集』六九一〜六九六ページ、日本都市計画学会、一九九七年
52　フリードリッヒ・ニーチェ著、氷上英廣訳『ツァラトゥストラはこう言った』上・下巻、岩波書店、二〇一二年

［略歴］

Pier Vittorio Aureli（ピエール・ヴィットーリオ・アウレーリ）

一九七三年生まれ。建築家、AAスクール（イギリス建築家協会建築学校）専任講師、イェール大学客員教授。二〇〇三年にヴェネツィア建築大学にて博士（都市計画）を取得。二〇〇五年にベルラーヘ・インスティテュートにて博士（建築学）を取得。二〇〇二年にマルティーノ・タッターラとブリュッセルにDOGMAを設立。DOGMAでは、建築と都市の関係性、とくに都市に巨大スケールで介入する提案に取り組んでいる。代表的な著書として *The Possibility of an Absolute Architecture*, Cambridge, MA: MIT Press, 2011, *Less is Enough: On Architecture and Asceticism*, Moscow: Strelka Press, 2013 など。

北川佳子（きたがわ・けいこ）

一九七一年生まれ。建築家。一九九六年早稲田大学理工学研究科修了、二〇〇二年同大学理工学研究科博士後期課程単位取得満期退学。二〇〇三年博士（工学）。一九九八〜一九九九年ミラノ工科大学留学、二〇〇三〜二〇〇六年ジュネーヴ大学建築研究院留学、DEA（Diplôme d'études approfondies）取得。建築意匠設計とイタリア近現代建築史研究を並行して進めている。著書に『イタリア合理主義』鹿島出版会、二〇〇九年。

プロジェクト・アウトノミア《自律運動》
戦後期《せんごき》イタリアに交錯《こうさく》した政治性《せいじせい》と建築《けんちく》

発　行　二〇一八年九月二〇日　第一刷発行

著　者　ピエール・ヴィットーリオ・アウレーリ
訳　者　北川佳子《きたがわけいこ》
発行者　坪内文生
発売所　鹿島出版会
〒一〇四−〇〇二八　東京都中央区八重洲二丁目五番一四号
電話　〇三（六二〇二）五二〇〇　振替　〇〇一六〇−二−一八〇八八三

ブックデザイン　田中文明
印刷・製本　三美印刷

ISBN 978-4-306-04667-2 C3052　Printed in Japan

本書の内容に関するご意見・ご感想は左記までお寄せください。
URL: http://www.kajima-publishing.co.jp
E-mail: info@kajima-publishing.co.jp